LE RÉTABLISSEMENT

DU

CATHOLICISME

A GENÈVE

IL Y A DEUX SIÈCLES

ÉTUDE HISTORIQUE

D'APRÈS DES DOCUMENTS CONTEMPORAINS POUR LA PLUPART INÉDITS

PAR

ALBERT RILLIET

Ad narrandum.

GENÈVE

H. GEORG, LIBRAIRE-ÉDITEUR

BALE & LYON | PARIS
MÊME MAISON | G. FISCHBACHER

1880

LE RÉTABLISSEMENT

DU

CATHOLICISME

A GENÈVE

LE RÉTABLISSEMENT

DU

CATHOLICISME

A GENÈVE

IL Y A DEUX SIÈCLES

ÉTUDE HISTORIQUE

D'APRÈS DES DOCUMENTS CONTEMPORAINS POUR LA PLUPART INÉDITS

PAR

ALBERT RILLIET

Ad narrandum.

GENÈVE

H. GEORG, LIBRAIRE-ÉDITEUR

| BALE & LYON | PARIS |
| MÊME MAISON | G. FISCHBACHER |

1880

Genève. — Imprimerie Charles Schuchardt.

AVANT-PROPOS

L'épisode dont ce volume renferme le récit est un incident
de la grande lutte religieuse, engagée, depuis la Réformation,
entre l'Église de Rome et les Églises protestantes. Cette lutte
se poursuivait en France, il y a deux siècles, par la guerre que
le roi Louis XIV et le clergé catholique avaient déclarée au
protestantisme national, et dans laquelle les hommes d'Église,
se croyant sûrs de l'appui du roi, avaient conçu le projet de
comprendre Genève, en ramenant dans cette ville le catholicisme expulsé. On résolut, dans ce but, de profiter de la création d'une place de résident de France à Genève, pour faire
occuper ce poste par un zélé catholique, qui travaillerait à pro-
pager sa croyance et qui ferait célébrer, d'une manière régulière
et publique, la messe dans sa maison. C'est pour mettre en
évidence ce qui devint la cause immédiate de la crise où

Genève fut alors jetée, que nous avons aussi intitulé notre travail : Le premier résident de France et le retour de la messe a Genève.

L'histoire du conflit qui résulta de cette innovation, et qui fut, pour les Genevois d'alors, un événement de première importance, n'a jamais été mise dans tout son jour. Elle nous a paru digne, cependant, d'être racontée, en raison de l'intérêt qui s'attache à toutes les manifestations un peu marquantes de l'irréconciliable et persistant antagonisme qui sépare les deux communions. Nous avons cherché à nous acquitter de notre tâche de narrateur en faisant reposer notre récit sur des informations qui, toutes, ont été puisées dans des documents contemporains, provenant de chacun des partis en présence : d'un côté, Genève, de l'autre, l'étranger.

Nous avons eu, en effet, l'avantage de posséder, grâce à l'extrême obligeance de M. Henri Bordier, qui en a pris copie dans les archives du ministère des affaires étrangères à Paris, la correspondance (jusqu'ici absolument inexplorée) du premier résident de France à Genève avec Louis XIV et ses ministres. Nous avons donc joui du privilège de pouvoir nous conformer à l'excellente maxime : *Audiatur et altera pars.* Nous avons profité, dans notre premier chapitre, d'une autre communication venue de la même personne et de la même source, et, dans le dernier, de pièces inédites, obligeamment mises à notre disposition par leurs possesseurs. A Genève, nous avons consulté les archives d'État, celles de la Compagnie des pasteurs et du

Consistoire, sans omettre, espérons-nous, aucun des matériaux qu'elles renferment. Un journal du temps, tenu au jour le jour par le pasteur Jacques Sarasin, et entièrement inédit, nous a permis de faire connaître des particularités intéressantes sur quelques portions du récit.

Nous avons pu, en conséquence, traiter, avec plus de sûreté et d'étendue que cela n'avait eu lieu jusqu'à présent, un sujet que l'on peut appeler nouveau, parce qu'il n'a jamais été présenté, dans son ensemble et ses détails, d'une manière aussi complète. Nous sommes resté, d'ailleurs, sur le terrain de la pure histoire, sans abdiquer notre jugement, mais sans songer à glorifier ou à décrier, par comparaison avec le temps actuel, une époque qui lui ressemblait si peu. C'est affaire au lecteur, auquel la curiosité historique satisfaite ne suffit pas, d'apprécier à sa guise les choses et les hommes d'autrefois.

LE
PREMIER RÉSIDENT
DE FRANCE

ET

LE RETOUR DE LA MESSE

A GENÈVE

CHAPITRE I

LE PRÉCURSEUR DES RÉSIDENTS

C'est en 1679 que, pour la première fois, le roi Louis XIV accrédita auprès de la république de Genève, sous le titre de *résident*, un représentant diplomatique. Mais il possédait, depuis plus de vingt ans, dans cette ville, un agent qui fut comme le précurseur de l'institution des résidents, et dont il convient, pour cette raison, de dire quelques mots.

Cet agent était un citoyen genevois et un ecclésiastique protestant. On ne pouvait guère prévoir alors que ce choix singulier serait le point de départ d'une série d'envoyés étrangers, dont le premier servirait à ramener le culte catholique dans Genève et le dernier à mettre fin à l'existence de cette république.

Le prédécesseur genevois des résidents de France se nommait Jean Favre. Il était fils d'un conseiller d'État et membre d'une bonne et ancienne famille du pays. Il avait embrassé l'état ecclésiastique, mais il n'exerçait encore, quand il devint l'agent du roi, aucune fonction pastorale. Son père avait épousé en secondes noces une personne qui appartenait à la noblesse française[1], et dont les parents jouissaient de la faveur de Louis XIV. Jean Favre lui-même avait, dans l'ambassadeur de France en Suisse, un protecteur zélé. C'est à cette double circonstance qu'il dut très vraisemblablement la place, d'abord bien modeste, sur laquelle, grâce à l'importance qu'il lui donna, devait se greffer plus tard la charge de résident.

On peut fixer aux environs de l'année 1658 la date du choix qui fut fait de lui pour prendre soin de ce qu'on appelait « *le paquet du roy.* » Cette année même, sa belle-mère, qui était devenue veuve, se trouvant engagée par-devant la justice genevoise dans un procès civil qui n'aboutissait pas, sollicita

---

[1] Elle s'appelait Hélène Durcot de la Grève, et était originaire du Poitou.

et obtint l'intervention de Louis XIV auprès du petit Conseil de Genève. Dans une lettre, en date du
20 juillet 1658, le monarque intercédait pour elle,
« en considération, » disait-il, « de la justice de ses
prétentions et des très humbles supplications de ses
parents, qui sont personnes que nous affectionnons[1]. »
Il est permis de penser que Jean Favre eut sa part
dans l'intérêt témoigné à sa belle-mère, et l'on voit,
la même année, M. de la Barde, ambassadeur du roi
à Soleure, s'adresser en sa faveur au Conseil[2], auquel il écrivait encore deux ans plus tard : « Je vous
recommande de tout mon cœur le s[r] Favre, qui
m'a donné sujet de l'affectionner par le soin qu'il a
pris des despesches du roy[3]. »

Il résulte de ce passage que ce fut avant l'année
1660 que l'on confia à Jean Favre « le paquet du
roy, » c'est-à-dire la charge de recevoir et de réexpé-
dier toute la correspondance du gouvernement français passant par Genève. Les lettres et dépêches
officielles à destination de la France, et celles qui en
provenaient, arrivaient dans cette ville (où il n'existait
ni service public ni bureau central des postes), par
des entreprises particulières de messageries, ou par

[1] Archives de Genève. Portefeuilles historiques, n° 3336.
[2] Archives de Genève. Registres du Conseil (10) juillet 1658.
[3] Portefeuilles historiques, n° 3373. Lettre au Conseil du 20 août 166).

des courriers spéciaux. Un homme de confiance était chargé de « faire suivre » cette correspondance, comme on dit aujourd'hui, après avoir pris connaissance du contenu de chaque paquet. Un petit traitement de quatre cent livres était attaché à cette fonction, qui avait déjà été remplie par quelques Genevois depuis le commencement du dix-septième siècle.

Le père même de Jean Favre l'avait exercée avant de devenir conseiller d'État (ces deux emplois étant considérés comme incompatibles) et elle semble être demeurée vacante, jusques à ce qu'elle fut de nouveau octroyée à son fils, malgré sa profession ecclésiastique, par le gouvernement royal. Le maigre salaire et le peu d'éclat de cette fonction étaient compensés, soit par certains avantages assurés, de la part du roi, à celui qui en était revêtu, soit par des bénéfices accessoires[1]. C'était probablement là ce qui la faisait rechercher par des gens de bonne condition, tout insignifiante qu'elle peut paraître. Ce qui est sûr, c'est que Jean Favre parvint assez rapidement à s'élever, dans son emploi, au-dessus de la position d'un simple agent subalterne.

Mais il avait eu le tort d'accepter cette place sans en informer le Conseil et en se passant de son autorisation, qui, jusque-là, avait toujours été consi-

---

[1] Voyez plus loin p. 8 et Reg. du Conseil, (25) janvier 1654.

dérée comme nécessaire[1]. Aussi les magistrats genevois semblent-ils avoir vu d'abord de mauvais œil les relations qui, soit en raison de la mission qu'il tenait du roi, soit par suite de liaisons personnelles, s'étaient établies entre l'ambassadeur de France et lui, et ils affectaient de les ignorer. A plus d'une reprise de la Barde écrivit au Conseil, à propos de Jean Favre, des lettres qui ne recevaient point de réponse[2].

Le caractère ecclésiastique de l'employé royal soulevait aussi dans l'opinion des objections et des critiques. Jean Favre sentit donc la nécessité de se mettre en règle, et il s'adressa au Conseil pour dissiper les scrupules que sa position dans l'Église et sa dépendance à l'égard d'un monarque étranger pouvaient inspirer, soit à lui-même, soit à d'autres. Ce fut son oncle maternel, l'ancien syndic Marc Roset, qui présenta sa requête. On lit en effet dans le registre du Conseil, du (25)[3] octobre 1663 : « Il est représenté par Noble Marc Roset que le sr Jean Favre, son neveu, a esté confirmé en la commission qu'il

---

[1] Reg. du Conseil, (11) juin 1622 ; (2) et (25) janvier, (15) février 1654.

[2] Reg. du Conseil (5) décembre 1660 et (23) juin 1662. Portef., hist. n° 3433, Lettre du 31 août 1663.

[3] Nous plaçons entre parenthèses le chiffre des dates comptées d'après l'ancien style du comput chronologique, qui fut conservé à Genève et dans les autres pays protestants jusqu'à la fin du dix-septième siècle ; il était en retard de dix jours sur le nouveau style adopté en France.

avoit cy-devant du paquet du roy par M. de Lionne, [secrétaire d'État de Louis XIV] et qu'il désiroit *que ce fust sous l'adveu et bon vouloir du Conseil;* d'autant plus que l'on le pourroit trouver mauvais à cause de sa profession. — Arresté qu'on luy permet de faire la dicte fonction, en prestant serment céans qu'il révèlera à la Seigneurie tout ce qui pourroit luy venir à notice de contraire au bien public, comme aussy de déclarer ce qui seroit son advantage. »

On doit conclure de ce passage des registres que, d'une part, jusque-là Favre avait rempli sa charge de commis du roi sans avoir demandé ni reçu « l'adveu du Conseil, » et, d'autre part, que son rôle ne se bornait pas uniquement à des opérations de bureau, mais qu'il entretenait, avec le ministère français ou son représentant en Suisse, des relations qui, le mettant au courant des affaires politiques, pouvaient lui permettre de communiquer à la Seigneurie d'utiles informations. On le trouve, en effet, en correspondance directe avec les ministres de Louis XIV, auxquels il adresse divers renseignements sur les événements où les intérêts de la France étaient engagés. Il sert également d'intermédiaire entre le gouvernement de Genève et le cabinet de St-Germain pour leurs communications réciproques, et il est quelquefois chargé par les ministres du roi de transmettre des reproches à ses concitoyens[1].

Quoiqu'il fût ainsi parvenu à prendre de plus en plus le caractère d'un agent politique, Jean Favre n'avait point renoncé pour cela à l'exercice du saint ministère. Il était nommé en 1666 pasteur à Genthod et pasteur à Genève en 1669. Ses collègues ne regardaient donc pas comme inconciliables le soin des âmes et le service du roi. Mais ce n'était pas l'avis de tout le monde, et en particulier ce n'était pas celui de l'un de ses compatriotes qui, pour faire cesser une incongruité aussi choquante, ne trouva rien de mieux que de demander pour lui-même « le paquet du roy, » qu'il fallait, disait-il, « oster à M. Favre parce qu'il est ministre[2]. » Mais cette sollicitation et cette sollicitude demeurèrent sans succès. Loin de songer à lui « oster le paquet, » le monarque français se montrait si satisfait de la manière dont Favre remplissait le poste qui lui était confié, qu'il lui faisait adresser le brevet suivant par

---

[1] Archives du ministère des affaires étrangères à Paris, Recueil intitulé : GENÈVE, III, 1660-1678. Voir les nᵒˢ 94, 13 octobre 1668 ; 103, 9 juillet 1672 ; 107, 28 janvier 1673. Reg. du Conseil, (25) septembre 1675.

[2] On lit dans le journal inédit du pasteur Jacques Sarasin, de 1665 à 1685, au (5) avril 1666 : « Dernièrement Gabriel Sarasin le marchant escrivit à M. de Lionne à Grenoble, parent du secrétaire d'Estat, pour luy faire avoir le paquet du Roy et l'oster à M. Favre, parce qu'il est ministre. M. de Lionne en parla à M. de la Pierre, qui appuya le droit de M. Favre ; c'est un tour bien lasche. »

·Arnauld de Pomponne, son secrétaire d'État pour les affaires étrangères[1] :

« Aujourd'hui, 22ᵐᵉ jour d'avril 1672, le Roy estant à St-Germain en Laye, voulant gratifier et traitter favorablement le sʳ Favre, chargé de la réception et de l'envoy des dépesches de S. M. à Genève, en considération des services que le dit sʳ Favre luy a désjà rendus dans cet employ avec tout le zèle et la fidélité possible, dont les ministres que S. M. a ci-devant tenus en Suisse luy ont rendu témoignage, Sa dicte Majesté luy a confirmé le dict employ, dans lequel elle entend qu'il luy continue ses services et qu'il en jouisse aux honneurs, privilèges et libertez qui y sont attachez, et dont il a desjà joui ou deü jouir, et aux appointements de la somme de quatre cents livres par an, dont il sera payé par les thré-soriers des Ligues Suisses, ainsi qu'il a accoustumé. Et pour témoignage de la volonté de S. M., Elle m'a commandé d'expédier audict sʳ Favre le présent brevet, qu'Elle a voulu signer de sa main et estre contresigné par moy son conseiller, secrétaire d'Estat et de ses commandemens et finances. LOUIS (et plus bas) : *Arnauld.* »

L'année suivante le roi donnait à Jean Favre une nouvelle marque de son approbation, en le recom-

----

[1] Archives des affaires étrangères. GENÈVE, III, n° 102.

mandant d'une manière toute particulière à Messieurs de Genève, sans aller toutefois jusques à lui conférer un caractère diplomatique. Dans la lettre qu'il leur écrivit à cet effet il en parlait comme étant à son service, il ne l'accréditait pas comme son représentant. La voici[1] :

« Très chers et bons amis, l'affection que le s[r] Favre a toujours fait paroistre pour nostre service nous aiant convié de luy continuer la commission que Nous luy avions cy-devant donnée pour l'envoy et réception en vostre ville des paquets et dépesches qui regardent nostre service, Nous avons cru vous en debvoir donner advis et vous dire que Nous vous sçaurons gré de la facilité que vous apporterez aux choses qu'il pourra désirer de vous, pour le prompt envoy et réception de nos dictes dépesches, et pour ce qui pourra concerner le bien de nostre service et de nos intérêts. Ce que nous promettant de vostre affection, Nous ne ferons la présente plus longue..... A Versailles 14me jour de janvier 1673. LOUIS (et plus bas) : *Arnauld.* »

Si le pasteur Favre avait réussi à contenter ses concitoyens et le roi de France, il est permis d'en conclure que c'est à son mérite personnel qu'il faut l'attribuer. Aussi pouvons-nous ajouter foi à l'éloge

---

[1] Portef. hist., n° 3571. Cf. Reg. du Conseil (21) et (27) janvier 1673.

que fait de lui un de ses contemporains, dont le témoignage n'aurait pas par lui-même une suffisante autorité. Nous voulons parler de l'italien Gregorio Leti,
qui avait vécu vingt-deux ans à Genève, où, après
avoir embrassé avec sa famille la religion réformée, il
avait reçu la bourgeoisie et d'où il fut banni, dans l'été
de 1679, pour des opinions malsonnantes. Cet
aventurier littéraire, dont la notoriété fut de son
temps presque égale à l'oubli où son nom est aujourd'hui tombé, a fait preuve dans ses nombreux
ouvrages d'un dédain pour la vérité, qui a jeté sur
sa personne et ses œuvres un discrédit ineffaçable.
Nous le citerons pourtant quelquefois, lorsqu'il s'agira
de faits qu'il était placé pour bien connaître et qu'il
n'avait aucun intérêt à falsifier.

Il dit, dans son histoire de Genève, en parlant du
pasteur Favre: « Jean Favre, ministre de Genève et
agent du roi dans cette ville, était bien digne de la
glorieuse mémoire qu'il a laissée; car, outre les vertus,
le savoir et le zèle avec lesquels il exerçait ses fonctions pastorales, il avait de très grands talents, une
éloquence remarquable, et il possédait beaucoup
d'expérience des affaires du monde. Il jouissait, comme
agent du roi, de l'affection et de la protection particulières de M. de Pomponne. Il était modeste, poli
et d'une bonne grâce parfaite dans tout ce qu'il fai- .

sait. Loyal et généreux, il s'opposait à la persécution des innocents et se montrait le défenseur des hommes instruits[1]. » Jean Favre n'en tenait pas moins dans la Compagnie des pasteurs de Genève, alors divisée en deux partis théologiques, celui de l'orthodoxie la plus prononcée.

La considération dont Favre avait réussi à entourer son rôle d'agent du roi aurait suffi à faire de cette charge un légitime objet d'ambition ; mais il est probable que ce qui en rehaussait surtout l'importance, c'étaient, comme le dit le brevet royal cité plus haut, « les honneurs, libertez et privilèges qui y estoient attachez. » Ce qui est certain, c'est que la vacance de cette place, survenue par la mort du titulaire, provoqua aussitôt parmi ses concitoyens une vive compétition.

---

[1] Historia Genevrina, Amsterdam, 1686, V, p, 262 et 370. On peut considérer les derniers volumes de l'histoire de Genève de Leti plutôt comme des mémoires personnels, que comme un récit historique proprement dit, et leur accorder une créance proportionnée au degré de véracité qu'on doit attribuer à l'auteur.

CHAPITRE II

INQUIÉTUDES CAUSÉES A GENÈVE PAR L'ENVOI D'UN RÉSIDENT
CATHOLIQUE

A peine Favre eut-il fermé les yeux, le (3) 13 mai
1679, que plusieurs Genevois, deux surtout, Barthélemy Lect, ancien procureur général, et Pierre Fabri,
conseiller d'État, s'efforcèrent d'obtenir du gouvernement royal le poste demeuré libre. Cette rivalité
alla si loin, et le succès fut mis à un si haut prix,
que l'on ne craignit pas de chercher à se procurer,
à beaux deniers comptants, les moyens de réussir.
On lit dans le journal d'un contemporain, sous la
date du (20) 30 mars 1680 : « M. Lect assuroit l'autre jour qu'il avoit amené l'affaire du résident à un
tel point, pour le faire révoquer et laisser le *paquet
du roy* à un de Genève (ce qu'il avoit acheminé pour
luy-même), qu'il ne faloit que quatre à cinq cents
pistoles pour en venir tout à fait à bout. Mais que,
l'ayant fait sçavoir icy [à Genève], M. Fabri, à qui il

faschoit de n'avoir pas le paquet, et ses parents ont fait eschouer tout cela[1]. »

D'autres témoignages de la même époque établissent également que ce fut l'excessif désir des Genevois de conserver « le paquet du roy, » qui le leur fit perdre. On pourrait ne pas ajouter grande foi sur ce point à l'assertion de Gregorio Leti, qui déclare qu'il avait été informé à Paris que c'était « l'ambition des nombreux prétendants à la charge d'agent du roi et leur trop vives instances qui avaient été la cause des refus qu'ils avaient essuyés[2]. » Mais on ne saurait rejeter de même ce que le genevois Jacques Bordier, agent officieux de la république à Paris, écrivait au secrétaire du Conseil sur le même sujet : « On a mal fait de témoigner tant d'empressement pour cette commission et d'y venir les uns sur les autres. Si on s'estoit contenté seulement de donner avis de la mort du s[r] Favre et témoigné que S. M. pouvoit choisir dans la ville telle personne qui luy seroit agréable pour remplir cette fonction, je suis persuadé qu'on n'auroit eu aucune idée d'y envoyer [un résident français], et que ce n'est que ces grands empressements qui en ont donné la visée[3]. »

---

[1] Journal du pasteur Jacques Sarasin.
[2] Hist. Genev., V, p. 370.
[3] Portef. hist., n° 3501. Lettre du 24 juillet 1679.

Il paraît donc que l'ardeur mise par les candidats
genevois à briguer la place de Favre attira l'attention
de Louis XIV et de ses ministres sur l'intérêt qu'il pouvait y avoir pour la France à faire remplir cette charge,
non plus par un étranger, mais par un Français. Il
n'y avait rien d'étonnant à ce qu'on voulût faire faire
les affaires du roi par un sujet du roi, et à ce qu'on
prît la résolution d'installer à Genève, comme cela
avait lieu dans d'autres petits États, un représentant
diplomatique de Sa Majesté. Au point de vue des
relations qu'elle entretenait avec la France, la république de Genève pouvait considérer cette innovation
comme lui étant favorable. C'était un hommage rendu
à sa souveraineté, et une facilité offerte à ses transactions avec le gouvernement du roi. Il était plus
commode de s'entendre avec un agent accrédité auprès de la Seigneurie, que de traiter en s'abouchant
avec l'intendant de la province de Bourgogne, ou en
déléguant des commissaires à Paris.

Mais les motifs de l'ordre administratif et politique
n'avaient pas été l'unique mobile qui avait fait prendre cette décision, et ils ne furent pas non plus les
seuls qui la firent apprécier. Il s'y mêlait des considérations religieuses. Derrière le résident on voyait
la messe. Cette perspective, qui avait beaucoup fait
agir à la cour de St-Germain en faveur de son envoi,

faisait à Genève envisager sa venue comme une calamité publique.

Depuis la révolution politique et religieuse qui, en 1535, avait affranchi Genève de la souveraineté temporelle et spirituelle de son prince-évêque, le catholicisme avait été banni de la ville et de son territoire. Tout autre culte que le culte réformé était interdit. Non seulement les adhérents de l'Église romaine, « les papistes » comme on les appelait alors, ne pouvaient porter le titre ni exercer les droits de citoyens genevois; ils ne pouvaient pas davantage s'établir d'une manière permanente dans Genève, et bien moins encore y faire, même en particulier, aucun acte de leur religion. La petite république avait poussé jusques à l'extrême limite les précautions qu'elle croyait nécessaires à sa sûreté. Il ne lui avait pas suffi de se mettre, par des fortifications et des remparts, à l'abri d'un coup de main; elle avait voulu empêcher qu'un agresseur, toujours éveillé et toujours menaçant, ne se créât des intelligences dans la place et que l'infiltration du « papisme » ne devînt le prélude de la ruine religieuse et politique du boulevard de la réforme. Les dangers déjà courus justifiaient assez ces alarmes.

Entourée, et comme étranglée, par des pays catholiques, Genève se défendait du catholicisme, non seulement comme d'une fausse croyance religieuse, mais comme d'un ennemi de son indépendance nationale. Il ne s'agissait pas tant pour elle d'une question de controverse, que d'une question d'existence. Cette créance avait poussé chez les Genevois de si profondes racines et si bien pris le caractère d'un instinct universel, que, pendant toute la durée de l'ancienne république, malgré les changements des doctrines religieuses et les révolutions politiques, malgré les progrès de la tolérance philosophique dans les esprits et l'affaiblissement des croyances dans l'Église, ce fut toujours une maxime d'État, aussi bien qu'un préjugé de l'opinion, que la seule religion réformée, à l'exclusion formelle du catholicisme, devait avoir droit de cité dans Genève.

Mais, de cette exclusion il ne résultait pas qu'aucune relation n'existât entre les catholiques romains et la population genevoise. Genève avait beau s'être mise en garde, par des précautions excessives, contre les périls que pouvait lui faire courir le catholicisme, il ne lui était cependant pas possible de supprimer, ni les rapports naturels et nécessaires que crée entre des voisins un contact immédiat, ni les rapports non moins inévitables que son gouvernement devait entretenir avec les puissances dont le territoire touchait et même entrecoupait le sien.

Genève, en un mot, ne pouvait pas faire le vide autour d'elle.

Malgré l'ardeur de propagande, et même de persécution, qui se déployait alors en France et en Savoie, dans le pays de Gex particulièrement, contre les sectateurs du protestantisme, la république était en très bons termes avec le cabinet français et en termes passables avec celui de Turin. D'autre part, tout en refusant (avec une intolérance égale à celle que déployait le gouvernement sarde contre les réformés) de donner accès dans son sein à la religion catholique, elle était bien forcée de supporter au milieu d'elle, avec quelques restrictions, ceux qui la professaient. Elle n'accueillait pas seulement, dans un louable esprit d'hospitalité, les catholiques de passage, y compris les hauts dignitaires de l'Église romaine, les prêtres et les religieux; elle comptait toujours au dedans de ses murs des fidèles de cette communion. Qui eût sans cela fréquenté et approvisionné ses marchés, fait vivre son commerce et acheté ses propres produits? Où aurait-elle pris les bras qui lui étaient indispensables pour une foule de métiers et de services, auxquels ses ressortissants naturels refusaient de se prêter? Il fallait emprunter à la France et à la Savoie, outre les consommateurs, des manœuvres et des artisans, qui formaient dans

Genève une classe assez nombreuse qu'on appelait
« les compagnons papistes. »

Mais on les surveillait de près, et l'autorisation
nécessaire pour leur résidence, était toujours à court
terme et toujours révocable; d'un instant à l'autre
on pouvait leur faire vider les lieux. Comme on vivait
à Genève dans un constant effroi des conspirations
et des complots dirigés du dehors contre la ville par
des agents catholiques, on se mettait en mesure de
la débarrasser promptement des auxiliaires qu'auraient pu recruter au milieu d'elle les auteurs de ces
guet-apens. Cette crainte était une des raisons qui,
dans l'esprit des Genevois, militaient en faveur de
l'interdiction de tout acte public du culte romain.
L'office religieux ne pouvait-il pas devenir une occasion de ralliement hostile et de rendez-vous suspect?

Les « papistes » habitant Genève, étaient libres,
pour l'exercice de leur religion, de retourner, les
dimanches et jours de fêtes, dans leurs paroisses
respectives, si elles n'étaient pas trop éloignées, ou
de se rendre à quelque distance de la ville dans une
chapelle que l'évêque, dit de Genève et résidant à
Annecy, avait fait construire à leur intention. Son
biographe nous apprend que « le prélat y tenoit un
prêtre à ses gages, et qu'elle servoit de paroisse aux
catholiques étrangers qui étoient dans Genève et

qu'ils y alloient recevoir les sacrements. » L'endroit où elle était bâtie porte encore aujourd'hui le nom de La Chapelle et se trouve dans le voisinage de Pesay à quelque distance de Carouge[1].

Un nouveau motif était venu (précisément à l'époque de la mort de Jean Favre), s'ajouter à ceux qui portaient déjà le gouvernement de Genève à tenir plus que jamais la main à la stricte exécution des mesures de défense adoptées contre les catholiques, et lui inspirer, sur ce qu'il avait à attendre de leur part, de légitimes inquiétudes. Ce motif provenait de la recrudescence qu'avait prise, dans les États voisins, la guerre dirigée contre le protestantisme. En Savoie l'évêque Jean d'Aranthon avait à cœur d'achever l'œuvre de réaction qu'avait inaugurée François de Sales son grand prédécesseur. Secondé par la duchesse douairière de Savoie, Madame Royale, mère du duc régnant, d'Aranthon déployait un zèle infatigable

---

[1] Voy. La vie de Messire Jean d'Aranthon d'Alex, évêque et prince de Genève. Lyon, 1697, p. 252; et Leti, Hist. Genev. V, 369. Cette chapelle, dont il ne reste aucune trace, était située au sud de Carouge, entre les grandes routes de St-Julien et d'Annecy, au point de rencontre des chemins de Landecy et de Drize, là où se trouve aujourd'hui une croix de mission. On l'appelait aussi la chapelle de Lunati, du nom d'un Italien qui, après avoir quitté la communion catholique pour se faire protestant, avait abjuré de nouveau et donné une partie de sa fortune pour la création de ce lieu de culte. Cette petite église devait ressembler aux édifices du même genre que le clergé romain, affranchi de l'union avec l'État, fait élever actuellement sur divers points du canton de Genève.

pour purger son diocèse des derniers restes de l'hérésie. C'était surtout dans le Pays de Gex, sur lequel
s'étendait aussi sa juridiction épiscopale, qu'il travaillait à cette entreprise, déjà bien avancée par les pères
jésuites et les religieuses qui, depuis quelques années,
y étaient établis[1]. Il se croyait d'ailleurs assuré de
l'appui de Louis XIV, auprès duquel ses instances
avaient souvent rencontré un favorable accueil.

Ce monarque venait d'entrer dans cette période de
son règne, où il jouissait, au milieu d'une paix profonde,
du fruit de ses victoires qui l'avaient rendu, pour un
temps, le dominateur de l'Europe, et où il exerçait sur
ses sujets un pouvoir sans contrôle et sans bornes.
C'est dans ce moment unique de repos, de puissance
et de gloire qu'il résolut de conduire à son terme
l'entreprise qu'il avait conçue dès qu'il avait pris lui-
même en mains le gouvernement de son royaume.
Dominé par un motif de conscience et par la logique
même de l'absolutisme, il prétendait ramener dans
ses États une entière unité de religion, en faisant
rentrer, de gré ou de force, tous les Français dans le
giron de l'Église romaine. L'année 1679 voyait appa-
raître, non plus les lointains symptômes, mais les derniers préparatifs de cette attaque en règle contre les

Voyez Th. Claparède, Histoire des Eglises réformées du Pays de Gex, 1856.

dissidents, qui devait aboutir six ans plus tard à la révocation de l'édit de Nantes.

Nous n'avons pas à nous occuper ici des mesures de restriction, de prohibition et d'exclusion édictées en France pour traquer et mettre aux abois dans ce pays « ceux de la religion prétendue réformée. » Nous n'entrerons pas davantage dans les détails de la croisade religieuse proprement dite, qui avait à sa tête le père La Chaise, confesseur du roi, et l'archevêque de Paris, Harlay de Champvallon. Sous leur haute direction s'était organisé tout un système de conversions, où la contrainte et l'argent formaient les principaux moyens de persuasion. Nous ferons seulement observer que, tandis que le roi et ses ministres, tenant compte des considérations politiques, ne songeaient point à pousser hors des limites du royaume la lutte contre l'hérésie, les gens d'Église et les convertisseurs portaient leurs visées plus loin. La suppression du protestantisme dans le monde aurait seule répondu à leur vœu : *Fiat unus pastor et unum ovile;* « un seul bercail, un seul berger. » Pour le moment, ils regardaient comme le complément nécessaire du retour de la France entière au catholicisme la conquête religieuse de Genève, cette forteresse de la réforme française, ce foyer et ce refuge d'hérétiques, qui laisserait leur œuvre inachevée, tant que tous ses habitants ne se-

raient pas redevenus des fils soumis de la sainte
Église.

Quand on apprit à Genève que l'agent du roi, naguère genevois et protestant, était remplacé par un
résident français et catholique, on vit dans ce choix,
et avec raison, la main du parti qui dirigeait en France
les affaires de la religion. C'était, en effet, sous son
inspiration (la suite le fera voir), que le nouvel envoyé
avait été désigné pour occuper dans la ville infidèle
le poste de représentant du roi, et pour pouvoir, grâce
à ce titre, y ramener avec lui l'exercice du culte catholique, en attendant le complet rétablissement de
l'église romaine dans Genève. Ce n'était pas encore
la prise d'assaut, c'était déjà l'ouverture de la brèche.

Heureusement (comme nous le verrons aussi)
Louis XIV était demeuré étranger à ce plan de campagne et à cette intrigue, qu'il devait même faire
échouer. Le retour de la messe dans Genève était
pour lui une affaire d'amour propre royal et d'étiquette
diplomatique. Il l'envisageait comme la conséquence
naturelle de l'installation de son représentant, nullement comme le prélude d'une invasion catholique.
Le résident qu'on lui avait fait nommer apprit plus
tard, à ses dépens, que le service de l'Église ne devait
pas avoir le pas sur celui du roi. Pour le moment les
meneurs religieux se flattaient que l'homme de leur

choix deviendrait, sans être entravé par la volonté du prince, l'instrument de leurs desseins. Mais, s'il était naturel qu'à Paris on profitât des circonstances pour pénétrer au cœur même du camp ennemi, il ne l'était pas moins qu'à Genève on s'effarouchât d'une tentative aussi manifestement hostile.

On voit, par les registres du Conseil, quelle fut l'impression produite d'abord sur les magistrats genevois, quand ils apprirent, six semaines après la mort du pasteur Favre, la nouvelle du remplacement de leur concitoyen par un sujet français. « M. le premier syndic [Jean Du Pan] rapporte avoir eu advis que Sa Majesté avoit nommé le s[r] de Chauvigny pour résider en cette ville par le décès du s[r] Favre[1]. » C'est tout. Cette communication ne soulève aucune remarque, ne provoque aucune discussion. Mais ce silence était moins un signe d'acquiescement que de stupeur. Dès le lendemain la consternation, qui n'avait pas cessé, se fit jour sous une autre forme : « Noble Michel de Normandie sindic de la garde a proposé, » dit le registre, « d'escrire au roy pour le détourner d'envoyer icy un agent *étranger et papiste,* et le supplier de laisser la charge du paquet à quelcun des nostres, comme il a été pratiqué jusqu'à présent. » Là-dessus

---

[1] **Registres du Conseil,** (16) juin 1679.

le Conseil décide d'écrire à Louis XIV que, « si son service requiert la continuation de cet employ, nous le
supplions très humblement de vouloir bien en honorer
quelcun de nos citoïens [1]. »

Il fut aussi résolu d'envoyer des lettres conçues
dans le même sens à M. de Pomponne et à M. de
Gravel ambassadeur de France en Suisse, en recom-
mandant particulièrement à ce dernier le s[r] Barthélemy Lect, comme le meilleur choix qu'on pût faire
pour remplacer Jean Favre. M. de Gravel répondit
favorablement à cette communication; ce qui pouvait
faire espérer que sa cour acquiescerait de même au
vœu du Conseil. Mais, nulle réponse ne venant de
St-Germain, l'inquiétude ne fit que s'accroître, et
comme l'ambassadeur lui-même, mieux informé des
intentions de son gouvernement, avait tenu sur ce
sujet des propos peu conformes aux assurances de
sa lettre, on perdit tout espoir d'obtenir du cabinet
français le retrait de sa décision.

Alors, sur la proposition du conseiller Pierre Fabri,
on voulut aviser « à divertir ce coup et à empescher
le résident papiste à exercer sa religion en son logis. »
Le Conseil fut solennellement convoqué pour s'occuper de cette question brûlante, dont toutefois le secret

---

[1] Registres du Conseil, (17) juin 1679.

était encore gardé par les magistrats. « Chacun, » dit
le registre, « est invité à proposer ce qu'il trouvera
expédient en une affaire aussi dangereuse et qui peut
causer des conséquences si fascheuses à cet Estat[1]. »
Le débat s'ouvrit, et aucune des mesures qu'on sug-
géra ne fut adoptée, tant était grande la perplexité
du Conseil. Enfin, dans une nouvelle séance, on décida
(ce qui était, comme le fait observer Leti[2], « le remède ordinaire ») « d'escrire à Messieurs nos alliés
de Zurich et de Berne, pour les prier de nous départir
leurs salutaires et prudents advis, sur une affaire de
cette importance, et pour prévenir la consternation
où nous tomberions, si Dieu affligeoit cet Estat de la
déplorable nécessité de souffrir quelque nouveauté
en nostre ville, au fait de la religion[3]. »

La perspective du retour du catholicisme au milieu
d'eux apparaissait aux magistrats genevois comme
était apparue aux yeux des Juifs « l'abomination de
la désolation, » déchaînée contre Jérusalem et son
sanctuaire. Ni la statue de Jupiter, ni l'autel payen,
qui furent dressés par l'ordre du roi Antiochus dans le
temple de la cité de David, ne causèrent en Israël
un beaucoup plus grand scandale, que l'installation
de « l'idolatrie papistique de la messe, » dans la ville

---

[1] Registres du Conseil, (28) juin 1679.
[2] Hist. Genev., V, 373.
[3] Registres du Conseil, (1) juillet 1679.

de Calvin. Une communication qui fut faite au Conseil pour l'informer qu'un de ses concitoyens, Daniel Favre, seigneur de Chateauvieux, avait reçu « avec joie » du père La Chaise une recommandation en faveur du futur résident, n'était pas de nature à le rassurer, et cet agent du roi ne pouvait pas se présenter sous de plus mauvais auspices[1]. On savait, en outre, que l'évêque d'Annecy avait témoigné de même son contentement « de ce que le roy envoyoit en nostre ville un résident *qui y feroit chanter la messe*[2] ; » ce qui ne contribuait pas davantage à diminuer les inquiétudes des magistrats.

D'un autre côté, les réponses de Berne et de Zurich n'avaient pas de quoi beaucoup les satisfaire[3]. Les combourgeois de Genève n'estimaient pas que cette ville pût s'opposer à la volonté du roi de France; mais ils conseillaient de chercher à réduire la célébration de la messe chez le résident à une dévotion purement domestique, et Zurich faisait ressortir les avantages politiques de l'établissement dans Genève d'un représentant du roi. Les deux gouvernements offraient néanmoins d'intervenir pour la république auprès de Louis XIV. Mais l'anxiété du Conseil était

[1] Registres du Conseil, (5) juillet 1679.
[2] Registres du Conseil, (1) juillet 1679.
[3] Lettres du 3, 9 et 14 juillet, et du 7 et 16 août 1679, Portef. hist. n⁰ˢ 3659 et 3665.

si profonde qu'il les pria de n'en rien faire, parce que, quelles que fussent les résolutions que l'on adopterait en cette occurence, « elles seroient, » dit le registre, « périlleuses pour l'Estat et pour la religion[1]. » On comprend les angoisses du Conseil: ne rien faire était dangereux, mais agir mal à propos était pire. Si le résident arrivait avec un ordre formel du roi de « faire chanter la messe, » il était impossible de resister et désastreux de se soumettre.

Cependant le personnage qui faisait l'objet des alarmes de Messieurs de Genève ne donnait de sa venue aucun signe. Mais le Conseil recevait de Paris, sur son compte, des renseignements qui n'étaient qu'à moitié satisfaisants : « Le s[r] de Chauvigny, nommé pour résident par S. M., est un homme âgé de passé cinquante ans, marié et intelligent ; il a pourveu aux ornements pour faire chanter la messe dans son logis ; au surplus il est fort raisonnable[2]. » Nous pouvons, à ces détails sur l'homme qui allait, pendant quelque temps, mettre Genève à une rude épreuve, en ajouter d'autres un peu plus circonstanciés.

Laurent de Chauvigny était un gentilhomme de Provence, que des liens de parenté, plus ou moins

---

[1] Registres du Conseil, (12) août 1679.
[2] Registrs du Conseil, (5) août 1679.

directs, unissaient à M. de Pomponne et à l'évêque de Marseille Forbin Janson [1]. Il est probable que c'est de lui que parle Mad^e de Sévigné, dans sa lettre du 8 juillet 1674 à Mad^e de Grignan : « Je ne sais par où commencer à vous répondre. Chauvigny me vient le premier ; je ne suis pas moins piquée que vous de la sottise qu'il a dite. Je le verrai peut-être chez M. de Pomponne ; je lui en dirai et je lui en ferai dire un petit mot. Il est vrai que cela impatiente de faire aussi bien que vous faites et de rencontrer des sots en chemin, qui vous confondent avec les malfaiteurs. » Il est évidemment question dans ce passage, vu la date de la lettre, d'une critique dirigée contre le gouvernement de M. de Grignan en Provence, par quelqu'un qui semble avoir eu des rapports familiers avec M. de Pomponne. Ces deux circonstances conviennent bien à Laurent de Chauvigny, qui était tout à la fois parent de ce ministre et de l'évêque de Marseille, le grand adversaire de M. de Grignan. Que, pour avoir épousé cette querelle, il fut traité de *sot* par Mad^e de Sévigné, cela est d'autant moins surprenant que la conduite qu'il tint à Genève explique, si elle ne justifie pas entièrement, la dureté de l'épithète, à supposer qu'il s'agisse de la même personne.

[1] Journal du pasteur Sarasin, (31) mars 1680 : « M. de Pomponne a dit à M. Stouppa que quelques parents de sa femme, à qui Chauvigny appartenoit, l'avoyent fort sollicité de l'envoyer à Genève. » V. plus loin, p. 46.

Mais nous possédons sur le résident des informations plus positives et plus précises, dans ce que nous apprend à son sujet Gregorio Leti, qui eut avec lui, pendant son séjour à Genève, des relations plus ou moins intimes. « Chauvigny, » dit-il, « n'avait jamais exercé de fonctions publiques. Il ne manquait pourtant ni d'esprit, ni d'intelligence des affaires; mais il péchait par une excessive impatience dans l'exécution de ses projets, par un zèle immodéré pour le service du roi, et par le fait d'avoir en cour de Rome un fils engagé dans les ordres, ce qui l'entraînait à tout oser pour gagner les faveurs de l'Église. Ce choix était malheureux; Chauvigny n'était évidemment pas le résident qu'il fallait mettre à Genève[1]. » Il est vrai que les catholiques pensaient tout le contraire : « Ce résident, » disait une relation imprimée peu de jours apres son arrivée à Genève, « ce résident est l'homme du monde le plus propre pour cet affaire; car il est d'une grande maturité, bien versé dans les affaires, civil et obligeant, courageux et zélé, s'il en fut jamais[2]. »

Le témoignage que Chauvigny se rend à lui-même n'est pas ce qui servira le moins à donner de sa personne et de son caractère une assez juste idée : « La

----

[1] Hist. Genev. V, 372.

[2] L'arrivée de Monsieur de Chauvigny, résident pour Sa Majesté dans la ville de Genève. Grenoble, 1679, broch. in-4°.

nature, » dit-il, « m'a donné quelque naissance, l'éducation beaucoup d'honneur, et ma bonne fortune la qualité de ministre d'un grand roy. On a veu la fierté, la fermeté et la promptitude dont j'ay eu besoin pour l'exécution de mes ordres et faire teste à ce qui pouvoit s'y opposer[1]. » Ce portrait serait fidèle si, aux avantages et aux qualités que s'attribue Chauvigny, on ajoutait les défauts qui en sont souvent la conséquence et qui, chez lui, tenaient une large place. Mais c'est du récit qui va suivre que ressortira le mieux la physionomie de ce premier représentant de la France à Genève.

Pendant qu'il se faisait attendre, le Conseil s'avisa que, puisqu'il s'agissait de la religion, il serait convenable de consulter la vénérable Compagnie des ministres, à laquelle cet objet devait tenir tout particulièrement à cœur. Le premier syndic, ayant mandé deux membres de ce corps, les pasteurs Calandrini et Mestrezat, leur communiqua tout ce qui s'était passé jusqu'alors relativement à l'envoi du résident, en les chargeant d'en informer leurs collègues, « sous la condition du silence envers le peuple et hors du sein de la Compagnie[2]. » Celle-ci profita immédiatement

---

[1] Discours d'adieu adressé au Conseil de Genève. Papiers de M. le professeur Galiffe.

[2] Registres de la Compagnie, (8) août 1679.

de l'occasion qui lui était offerte pour adresser aux membres du Conseil des exhortations, destinées, dit le registre, « à les fortifier de plus en plus dans le dessein de conserver les intérêts de l'Estat et de l'Église et de travailler pour leur compte à une vraie sanctification, afin d'attirer la bénédiction de Dieu sur leurs personnes et de prévenir ses jugements[1]. » La Compagnie se déclara prête, de son côté, « à donner au peuple l'exemple de la piété et de la repentance, espérant que le Conseil redoublera de zèle pour maintenir le pur service de Dieu en cette ville, sans aucun mélange de superstition, ni d'erreurs. » La Compagnie faisait suivre ce monitoire de propositions concernant les divers moyens auxquels on pouvait recourir pour détourner ou atténuer les conséquences de « cette fâcheuse affaire. »

Le Conseil remercia les pasteurs de leurs exhortations, dont il s'engagea à tenir grand compte, en mettant, dit-il, tous ses soins « à conserver le chandelier de Dieu et la seureté de la ville. » Quant aux expédients suggérés par la Compagnie, le Conseil les repoussa, comme « inutiles, dangereux, ou impossibles. » Il ajoutait que « aiant examiné avec une application singulière tous les moïens de délivrer la ville

---

[1] Registres de la Compagnie, (12) août 1679.

de cette funeste nouveauté et introduction, et n'y aiant trouvé aucun remède, *on s'en remettoit à la providence de Dieu*[1]. » Il serait permis de croire que le fatalisme calviniste avait figé le libre arbitre des magistrats genevois, si l'activité (pour ne pas dire l'agitation) qu'ils firent bientôt paraître n'avait pas largement compensé leur découragement momentané.

[1] Reg, du Conseil, (15) et (19) août 1679.

CHAPITRE III

L'ARRIVÉE, L'INSTALLATION ET LES PROJETS DU RÉSIDENT

Cette politique d'expectative et d'inaction devait durer deux mois, au bout desquels l'arrivée de Chauvigny fit prendre à l'affaire une tournure différente. Ce fut le jeudi (16) 26 octobre 1679, que cet envoyé du roi Louis XIV fit son entrée dans Genève, sur le soir et sans cérémonie. Il amenait avec lui un secrétaire M. Desmarets, un aumônier l'abbé Sorlin, un valet de chambre tapissier, le Sr Daubencourt, de la maison royale de Fontainebleau, deux laquais, Champagne et Léveillé, quatre chevaux et, dans ses bagages, tout l'attirail nécessaire à l'ameublement d'une chapelle catholique. Il se proposait, en outre, de faire venir sa femme et ses enfants à Genève. Son traitement était de six mille livres. Chauvigny avait évidemment le dessein de monter sa maison sur un assez grand pied et de prendre dans la société gene-

voise une place qui le mît de pair avec ce qu'il y avait
de plus distingué parmi les citoyens et les étrangers.
Une fois sa famille réunie à lui, il aurait fait de sa
résidence une sorte de rendez-vous mondain et de
bon ton, d'accord avec l'importance du rôle qu'il se
promettait de jouer.

Quatre députés du Conseil, chargés de le complimenter de la part du gouvernement, rapportèrent qu'ils « avoient été le visiter en son logis des
Balances, » et qu'ils avaient reçu de lui l'assurance que « son dessein estoit de rendre *son ministère agréable* à la Seigneurie. » Nous verrons comment les choses aboutirent à un résultat tout contraire. Pour le moment on en était à la période
des égards et de la politesse, et le résident s'était
empressé de solliciter, de son côté, une audience
du Conseil, qui lui fut accordée pour le lundi (20)
30 octobre.

Cependant la simple présence de M. de Chauvigny dans Genève n'avait pas laissé de produire
immédiatement son effet, et de répandre dans les
esprits une émotion à laquelle les pasteurs crurent
qu'il serait convenable de faire écho dans leurs prédications du dimanche. Le Conseil, informé par le
professeur Tronchin de leur projet, s'y opposa
formellement et les invita à s'abstenir de toute allu-

sion propre « à émouvoir le peuple et à le porter à une conduite irrégulière, qui attireroit des dangers sur l'Estat[1]. » Le résident, ayant fait savoir qu'il comptait assister au culte public dans le temple de St-Pierre, c'était un motif de plus de mettre en pratique la prudence qu'avait recommandée le Conseil, et qui fut observée par les ministres dans leurs prédications.

L'audience officielle pour la réception de Chauvigny se passa selon les formes et l'étiquette qu'avait réglées le Conseil, très scrupuleux en ces matières. Le résident ayant pris séance, on donna lecture de sa lettre de créance, dont voici le texte :

« Très chers et bons amis, la mort du s[r] Favre, que Nous avions chargé de l'employ de faire passer nos depesches en Suisse, et *des affaires qui pourroient s'offrir pour nostre service dans vostre ville*, Nous obligeant à remplir la place d'une personne à laquelle Nous puissions confier *les mesmes soins*, Nous avons fait choix du s[r] de Chauvigny pour l'envoyer auprès de Vous en qualité de notre Résident. Vous regarderez sans doute comme un effect bien particulier de nostre affection pour vous la résolution que Nous avons prise d'avoir une personne toujours présente *en Nostre nom* dans vostre

---

[1] Reg. du Conseil du (18) octobre 1679.

ville, en estat de vous faire recevoir dans les occasions des tesmoignages de Nostre protection et de
Nostre bienveillance. Nous chargeons ledict s^r de
Chauvigny de vous assurer de l'une et de l'autre.
Et, comme vous adjouterez créance à ce que Nous
luy avons ordonné de vous dire sur ce sujet, de
mesme que sur ceux qui pourront se présenter dans
la suitte pour Nostre service, Nous ne ferons la
présente plus longue que pour prier Dieu qu'il vous
ayt, très chers et bons amis, en Sa sainte garde.
Escrit à Fontainebleau, le 7me jour de septembre 1679. LOUIS (et plus bas) : *Arnauld*. »

Cette lettre était accompagnée d'une missive de
M. de Pomponne, ainsi conçue :

« Fontainebleau, 7 septembre 1679.

« Messieurs,

« Je n'accompagne la lettre que le Roy vous
escrit sur le sujet de M. de Chauvigny qu'il envoye
en qualité de son Résident auprès de vous, que
pour vous tesmoigner, dans une occasion où le Roy
vous donne une marque si particulière de son affection, le plaisir que je trouveray tousjours à vous
rendre mes services dans toutes celles qui se présenteront. Je cognois de telle sorte le mérite dudict
s^r de Chauvigny, que, comme je suis assuré qu'il
vous sera de mesme bientost cogneu, je ne puis

douter que vous ne voyez avec beaucoup de satisfaction le choix que le Roy a fait de luy pour luy
confier le soin de son service dans vostre ville. Je
suis avec vérité, Messieurs,

Vostre très humble et très affectionné serviteur

Arnauld de Pomponne.

La lettre de Louis XIV, tout en rattachant les fonctions que devait remplir Chauvigny à celles qu'avait
exercées Jean Favre, conférait néanmoins au nouvel
agent du roi un caractère que n'avait point possédé
son prédécesseur. Au lieu d'un simple employé, ayant
un caractère mal défini, et placé en dehors de la hié-
rarchie diplomatique, Genève recevait un représentant de Sa Majesté formellement accrédité par Elle,
et qui devait, à ce titre, jouir de toutes les prérogatives que le droit des gens reconnaissait aux person-
nages revêtus de cette qualité.

Après la lecture de la lettre royale, le premier syndic exprima à Chauvigny la reconnaissance de la Seigneurie pour l'honneur que le roi faisait à la république et pour la bienveillance qu'il lui témoignait
« par l'envoy de sa personne, » espérant, » disait le
syndic, que « vos soins contribueront à nous conserver la pleine jouissance de notre *liberté spirituelle* et
temporelle. » L'allusion était claire. La « liberté spi-

rituelle, » comme on la comprenait alors à Genève, était exactement le contraire de ce que nous appelons la liberté religieuse. On entendait par là l'affranchissement de « la tyrannie et de la superstition papales, » ce qui entraînait, par voie de conséquence, l'absolue proscription dans Genève de l'exercice du culte catholique. Mais pouvait-on se flatter que « la jouissance de cette liberté » serait respectée par celui qui venait dans cette ville, précisément « pour y faire chanter la messe? » Sur ce point le discours de Chauvigny, composé d'avance, et où il n'avait, pas plus que la lettre du roi, abordé la question religieuse, ne donnait aucun éclaircissement.

Sa réponse au premier syndic fut une harangue pleine d'enflure et d'emphase, qu'on peut lire dans Leti et dans Spon[1], mais dont le verbiage pompeux et vide ne mérite pas d'être reproduit une fois de plus. En voici le début qui, étant beaucoup moins ampoulé que le reste, donnera l'idée de ce que doit être cette longue amplification : « Messieurs, si l'approbation, que vous a donnée jusqu'à présent le Roy très-chrétien, mon maître, vous a dû persuader de l'estime qu'il a toujours fait de votre État, la résidence, dont il plaît à Sa Majesté de vous honorer aujourd'hui

___

[1] Spon, Histoire de Genève, t. II, 642, édition de 1730, in-8°. Leti, Hist Genev., V, 376.

vous doit convaincre de son affection et d'une bienveillance particulière, de laquelle j'ai ordre de vous
assurer de sa part; et je n'ai point douté que votre
reconnaissance ne répondît avec respect aux bontez
d'un monarque qui fait l'admiration de toute l'Europe
et qui doit servir d'exemple et de modèlle éternel à
tous ceux qui doivent être. »

Vient ensuite un panégyrique de Louis XIV, dans
le style le plus hyperbolique qui se puisse concevoir,
mais qui était conforme à cette rhétorique adulatrice
et louangeuse dont s'inspiraient alors les adorateurs
du grand roi. Du reste, la harangue était bien moins
faite pour le huis clos du Conseil de Genève, que
pour être envoyée à la Cour et mise sous les yeux
même du monarque, qui, tout habitué qu'il était à
cet encens, ne paraît pas en avoir jamais été dégoûté.
Nous verrons plus loin un magistrat genevois faire
lui-même sa partie dans cet alléluia universel.

Chauvigny termina son discours, en exprimant
l'espoir que ses relations avec le Conseil seraient ré-
ciproquement bienveillantes, parce que, disait-il « *la
différence des religions ne doit pas, en bonne politique, s'opposer à l'union des cœurs.* » Ce furent les seuls mots,
qui rappelèrent que l'orateur était catholique, et auxquels on ne peut qu'applaudir, tout en regrettant que
Chauvigny ait exprimé cette maxime mieux qu'il ne

devait la pratiquer. Mais, s'il n'avait pas abordé dans la salle du Conseil le sujet qui l'intéressait le plus, il n'entendait point s'abstenir d'en parler. En sortant de l'audience il dit à quelques-uns des magistrats chargés de le reconduire « qu'il désiroit estre logé en quelque endroit écarté, pour ne pas effaroucher la bourgeoisie par l'établissement de sa chapelle et *exercice de la religion catholique.* » Aussitôt informé de ce projet du résident, le Conseil en conclut qu'il fallait, au contraire, « tascher de disposer son logement au quartier d'en haut, *pour n'estre pas éloigné du magistrat*[1]. »

Cette question de logement faillit, dès le début, devenir une occasion de noise, presque de rupture, entre Chauvigny et la Seigneurie. Soit qu'on ne se souciât pas de lui prêter territoire, soit que ses prétentions rendissent son choix difficile, il ne parvenait pas à trouver une maison qui fût à sa convenance. Il s'en prenait au Conseil, qu'il accusait d'y mettre de la mauvaise volonté; il se plaignait qu'on le laissât « au cabaret, » menaçant tour à tour de faire construire, aux frais du roi, un hôtel de la résidence, ou de quitter la ville et de dénoncer à son gouvernement ce qu'il regardait comme un procédé malveillant, voire même comme une offense envers sa personne. Il ma-

---

[1] Reg. du Conseil, (20) octobre 1679.

nifestait une si vive irritation, que le Conseil fut obligé
d'intervenir, et finit par écarter cette pomme de
discorde, en procurant à Chauvigny, au bout de quinze
jours, le logement désiré. C'était une maison située
dans la Grande rue, à peu de distance « du magistrat, »
et sur l'emplacement où se trouve aujourd'hui l'hôtel
du Musée, qui y fut construit soixante ans plus tard.
L'on ne peut donc se représenter qu'en gros et par
approximation ce qu'était au dix-septième siècle, l'édifice où le premier résident de France avait établi sa
demeure[4].

La question du logement résolue, il s'en présenta
une autre bien plus grave, et qui ne pouvait plus être
ni ajournée, ni éludée; c'était celle du culte catholique
qui devait y être célébré. Chauvigny attachait naturellement à cette seconde question encore plus d'im-·
portance qu'à la première, ou plutôt il n'avait montré tant d'impatience dans le règlement de celle-là,
que parce que de la possession d'un logement dépendait l'établissement de la chapelle qu'il avait hâte de
voir ouverte. Le Conseil, de son côté, était mis en
demeure d'agir, s'il voulait, sinon empêcher, du
moins réduire à la plus simple expression possible
l'exercice du culte catholique dans Genève. Ses sen-

---

[1] Voy. J.-L. Le Fort, Notice historique sur l'hôtel du résident de France;
dans les mémoires de la Soc. d'hist. et d'arch. de Genève, XIX, 1.

timents à cet égard étaient si généralement partagés, qu'on se montrait prêt à le seconder de toute manière pour arriver à ce résultat. On lui avait offert de l'aider dans la dépense s'il pouvait obtenir du résident, soit de fixer sa demeure hors de la ville dans un jardin de Plainpalais, où on l'aurait installé aux frais de la Seigneurie, soit d'aller entendre la messe dans une paroisse catholique voisine de Genève, dans « un carrosse qui seroit toujours tenu à sa disposition. » On ne laissa pas ignorer à Chauvigny ces expédients, mais le Conseil n'avait pas cru devoir donner un caractère officiel à des offres qui avaient en effet peu de chances d'être agréées par celui auquel elles auraient été faites.

Le gouvernement genevois concentra donc tous ses efforts sur un seul point : obtenir du résident qu'il fît dire sa messe sans bruit et sans publicité. C'est ce qui avait été conseillé par Messieurs de Zurich et Berne. On chargea deux députés, Jean-Jacques de la Rive et Ami de Chapeaurouge, « de se rendre auprès de M. de Chauvigny, pour lui dire, dans les termes les plus civils et honnestes que faire se peut, que, comme il nous a déclaré vouloir faire chanter la messe en son hôtel, le magistrat ne veut pas s'opposer à l'intention de Sa Majesté, pourveu qu'il se contente de faire faire le service à basse note, sans éclat, par

son aumônier seulement, pour lui et pour ceux qui
sont à son service uniquement, sans y donner entrée
à aucune autre personne[1]. » De cette manière la messe
eût bien été dite, mais non « chantée, » dans Genève.
On l'aurait célébrée à la sourdine et à portes closes,
ce qui, dans la pensée des Genevois, était déjà une
immense concession, puisqu'on violait ainsi la pres-
cription inflexible qui interdisait dans la république
l'exercice de toute autre religion que celle du pays.
N'avait-on pas refusé, par deux fois, à des princes
luthériens la pratique publique de leur culte[2]?

Chauvigny répondit aux députés chargés de ce
message, qu'il avait en effet l'intention « d'établir en
son logement une chapelle et ornemens nécessaires
pour l'exercice de la messe, en se tenant toutefois
dans de certaines bornes, qui ne causeroyent icy aucun scandale. » Les députés lui ayant expliqué que,
même avec ces restrictions, ce qu'il se proposait de
faire ne pouvait avoir lieu « sans altérer la constitution de l'État. » « Messieurs, » répliqua-t-il, « vous
m'opposez des raisons tirées de votre droit public,
je peux vous répondre par des arguments empruntés
au droit des gens, tel que le pratiquent les ambassadeurs de Hollande et d'Angleterre au royaume de

<hr>

[1] Reg. du Conseil, (5) novembre 1679.
[2] En 1625 au margrave de Bade-Dourlach et en 1671 au prince d'Anspach.

France, où on ne leur conteste point l'exercice de leur religion dans les villes de leur résidence, et où on ne leur refuse point la faculté de tenir la porte de leur hôtel ouverte à toute personne qui désire assister au service religieux. C'est aussi ce que je compte faire à Genève; encore tiendrai-je la porte de ma chapelle fermée pendant l'office. Mais, s'il se présente des parents ou des amis, l'évêque d'Annecy par exemple, ou Monsieur de Beauvais[1], je ne pourrai leur en refuser l'entrée. On m'a bien dit que la bourgeoisie ne souffriroit pas cette nouveauté, et qu'elle disoit que le magistrat n'estoit pas maître au fait de la religion; mais cela regarde vos Messieurs et non pas moi[2]. »

Les esprits commençaient, en effet, à s'échauffer, et le Conseil allait se trouver dans une position pénible et difficile, entre le roi, auquel il avait un ardent désir de ne pas déplaire, et ses concitoyens dont il redoutait le mécontentement. Il redoubla ses instances auprès de Chauvigny, pour qu'il ne prît du moins aucun parti au sujet de la messe, avant que l'on eût pu recevoir de la Cour la réponse à une lettre que la Seigneurie avait écrite au roi. Mais le résident per-

---

[1] Mgr de Forbin-Janson, évêque de Marseille, avait été nommé le 15 août de cette année évêque et comte de Beauvais. Chauvigny espérait que son « parent » en allant prendre possession de cet évêché, passerait par Genève et lui ferait visite.

[2] Reg. du Conseil, (3) et (4) novembre 1679.

sistait dans l'intention qu'il avait témoignée, et il poussait même plus loin ses prétentions. Dans l'un des nombreux pourparlers que les commissaires du Conseil eurent avec lui, il déclara au secrétaire d'État DuPuy et au conseiller Franconis qu'il recevrait dans sa chapelle l'évêque d'Annecy, *comme son évêque*, et qu'au besoin il luy serviroit la messe; car c'étoit **luy** qui avoit conféré à son chapelain les pouvoirs nécessaires pour célébrer le culte dans son logis. »

Là-dessus, rapportent les députés du Conseil, « nous prîmes la liberté de lui représenter que ce seroit la derniere désolation de nostre ville de voir qu'un prélat, se disant évêque de Genève, y vint célébrer la messe; que nous ne pouvions concevoir que cette ville puisse jamais estre réduite à cette extrémité, ce qui seroit contraire à la protection et à la bienveillance que luy-mesme estoit chargé de nous promettre de la part de Sa Majesté. » Puis, ajoutent les députés, « craignant de luy avoir déplu par nostre trop grande vivacité, nous avons voulu nous en excuser. Non, Messieurs, a-t-il dit, il n'est pas besoin d'excuses; si j'étois de Genève j'aurois parlé comme vous[1]. »

Ce qui ne l'empêchait pas, peu de jours après, de

---

[1] Reg. du Conseil, (3) novembre 1679.

dire à Madame de Balthazar[1] : « *Je ne sortirai pas de Genève avant d'avoir fait dire la messe dans tous les temples.* » Paroles inconsidérées dans la bouche d'un diplomate, mais qui exprimaient bien, on va le voir, l'objet de ses désirs et le fond de sa pensée, et qui étaient d'ailleurs conformes aux tendances et aux intentions du parti religieux dont il était l'émissaire et l'agent. Catholique avant tout, Chauvigny n'avait pas su conserver l'esprit de modération, dont le roi lui-même lui avait commandé de s'inspirer dans l'exercice d'un emploi purement politique : « *Allez,* » lui avait dit Louis XIV, en le congédiant : « *Allez, faites dire la messe chez vous, et soyez sage.* » Chauvigny, qui avait redit lui-même ces paroles à Leti[2], Chauvigny avait laissé la passion prendre le dessus sur la sagesse, et, au lieu de s'en tenir, comme le roi le lui avait prescrit, à la simple célébration du culte romain dans sa chapelle, il ne rêvait rien moins que le triomphe complet du catholicisme dans Genève. Ses propos pouvaient le faire présumer, ses lettres le mettent en pleine évidence.

Celles qu'il échangea avec M. de Pomponne ne

---

[1] Reg. du Conseil, (12) novembre 1673. Madame de Balthazar était la femme du lieutenant général de ce nom, originaire du Palatinat et qui, après avoir quitté le service de France, était venu s'établir à Genève, où il avait reçu la bourgeoisie. Habitant tour à tour cette ville et le château de Prangins, dont il avait fait l'acquisition, il rendit à la Seigneurie beaucoup de services, et son fils, Isaac-Genève, était le filleul du Conseil.

[2] Hist. Genev. V, 397.

furent pas nombreuses, car, un mois à peine après son arrivée à Genève, Chauvigny put apprendre la disgrâce de son protecteur survenue le 18 novembre 1679. Mais cette correspondance, toute brève qu'elle est, donne, sur la manière dont Chauvigny et son chef comprenaient l'un et l'autre le rôle du résident de France à Genève, d'intéressantes informations qui complètent et servent à contrôler les renseignements fournis par les documents genevois. Elle mérite, à ce titre, de voir pour la première fois le jour.

Les lettres de Chauvigny, souvent diffuses et entortillées, ne manquent pas d'esprit et même de traits piquants, mais leur principale valeur résulte pour nous de la lumière qu'elles jettent sur la crise où Genève était alors engagée, et les extraits que l'on va lire suffiront pour en faire juger[1]. Ils se rapportent à trois sujets différents: en premier lieu aux relations qui s'établirent entre le résident et les magistrats de Genève; secondement à celles qu'il noua avec les catholiques des pays voisins de cette ville; troisièmement aux projets de propagande religieuse qu'il aurait voulu mettre à exécution.

Dès le lendemain de son débotté, le (17) 27 octo-

[1] La correspondance de Chauvigny se trouve dans les archives du ministère des affaires étrangeres à Paris, dans le recueil intitulé: GENÈVE, t. IV, 1679-1688. Elle contient 70 pièces numérotées; mais il a existé en outre des lettres qui manquent au dossier. La reliure du volume porte les armes de Colbert.

bre, Chauvigny écrit à M. de Pomponne : « Je donne avis à M. de Gravel [ambassadeur de France en Suisse] de mon arrivée. Je l'ay fait donner ce matin à Monsieur le premier syndicq de cette ville. J'en viens de recevoir un compliment qui précède leur visite que j'attends. *Je suis dans un pays de mesures et d'explications.* Monsieur Favre [le S^{gr} de Chateau-vieux, correspondant du père La Chaise] en est le négociateur. Je tascheray, Mgr, de ne rien faire qui ne réponde à la dignité du caractère dont vous m'avez revêtu... A Genève, le 27 octobre 1679. Ma lettre escritte, on me vient d'accabler de vin et d'une truitte de 36 livres de poids. Pleust à Dieu de la pouvoir faire passer à St-Germain. »

Le 31 octobre, n'étant que depuis quatre jours dans Genève, Chauvigny s'aperçoit qu'il est sans instructions sur la conduite qu'il doit tenir, et que son manque d'expérience des affaires l'empêche d'y suppléer. Cette absence d'instructions ministérielles montre que le gouvernement du roi n'attachait pas une grande importance à la mission de son agent et qu'il n'avait pas voulu en particulier s'engager sur la question religieuse. Le résident écrit donc à M. de Pomponne :

« Mgr, Je me remets au récit que je joints à cette lettre pour instruire vostre Grandeur de ce qui s'est passé à mon audiance[1]. Je souhaitte que je n'aye rien fait qui ne mérite l'honneur de vostre approbation; que, si j'estois assez malheureux pour qu'il en fust arrivé autrement, je vous supplie, Mgr, de me soubstenir par vostre indulgence et de l'attribuer *au seul défaut de mon expérience*, qui pourra, par la suitte, me rendre plus digne de recevoir les ordres de Sa Majesté et les vostres.....

« La lettre que Vostre Grandeur a pris la peine d'escrire pour moy à Mrs de Genève m'est la plus honnorable du monde, mais je me deffie extrêmement de mes forces pour la pouvoir soubstenir, *si je ne suis prévenu de vos instructions.* Depuis mon audiance on m'a détaché plusieurs personnes pour me sonder sur les intentions de S. M., que chacun règle icy selon ce qu'il craint ou ce qu'il juge devoir estre. Il m'a été très facile de me deffaire de ces curiosités, et d'autant plus *que je n'en suis pas mieux informé.* »

Puis il passe aux objections qui lui ont été faites à propos de l'exercice du culte catholique dans sa maison: « Hier, une espèce de gentilhomme[2] me vint dire qu'il court un bruit par la ville que Mgr l'évesque de Genève me devoit rendre une vi-

---

[1] A ce récit était annexé le texte du discours prononcé par Chauvigny devant le petit Conseil de Genève.

[2] Probablement Barthélemy Lect, d'après le registre du (20) octobre 1679.

site, et qu'il devoit célébrer la sainte messe dans
ma chapelle; que cela pouvoit causer quelque bruit
parmy le peuple, dont les honnestes gens et les magistrats n'estoient pas toujours les maistres, par le
droit qu'il croit avoir de les nommer; qu'ils avoient
une loy dans leur Estat, et la plus forte de leurs
constitutions, pour ne pas non seulement souffrir de
messe, mais mesme de mesnage catolique estably
dans leur ville.

« Et, comme je vis qu'il vouloit continuer une
matière que je crus ne devoir pas davantage entendre, je luy repliqué en peu de mots que je ne
croiois pas luy devoir rendre compte, ny à personne qu'au roy, de ce qui se passeroit dans sa maison; que les constitutions de leur Estat n'avoient pas
esté faites avec tous les princes de l'Europe et ne
l'avoient peü estre contre le droit des gens; que,
quand Mgr de Genève me voudroit faire l'honneur de
me rendre une visite, que je le recevrois comme un
prélat dans le diocèse duquel j'avois à vivre et que,
s'il souhaitoit dire la messe dans une chapelle qui, en
quelque façon, relevoit de son autorité, je seconderois
sa piété par l'honneur que j'aurois de la servir; et,
quant au murmure du peuple, je ne croirois pas qu'il
deust estre à craindre par des magistrats qui avoient
la force et la justice à la main et honnorés de la protection du roy.

« On m'a prié depuis, que ma chapelle fût précisement pour ma maison seule, sans que pas un y peust venir entendre la messe, soit François passant ou demeurant à Genève, estranger, religieux, Savoyard, laïque ou éclésiastique, et de ne point soufrir qu'autre que mon chapelain y peust dire la messe. J'ay repliqué que je ne ferois rien de nouveau, que j'en userois comme partout ailleurs, dont je ne rendrois aussy compte qu'au roy. »

Dix jours plus tard, le 10 novembre, revenant sur le même sujet, Chauvigny écrit :

« L'on m'a déchaisné des gens à deux fois, dont la dernière fut hier[1], un [ancien] sindicq [de Chapeaurouge] et le lieutenant [de la Rive] qui me voulurent faire entendre que l'on auroit peine à souffrir qu'autres que mes domestiques peussent entendre la messe dans ma chapelle, ny autre éclésiastique la dire que celuy que j'avois amené; supposé, disoient-ils, qu'il pleust au roy que je la fisse célébrer, dont la volonté précise ne paroissoit point par la letre que je leur ay rendue. Je n'eus point de réponce à faire qu'en disant que je sçavois les droits et les privilèges attachez au caractère dont il avoit pleü à S. M. de m'honnorer; que je ne ferois rien dont je peüsse estre désavoué; que les

______
[1] Voyez plus haut, p 44.

constitutions de leur Estat ne pouvoient avoir esté faites au préjudice du droit des gens, et que je ne voulois rien comprendre des autres choses que l'on vouloit m'insinuer, de peur d'estre obligé d'y faire réflection. »

Voici en quels termes il raconte l'autre conférence dont nous avons aussi parlé[1] et qui avait eu lieu vers le (5) 15 novembre entre lui et deux membres du Conseil : « Ces Messieurs me dirent que, ne pouvant plus douter que je ne voulusse faire célébrer la messe chez moy, ils ne voyoient pas que, par ma letre de créance, les intentions du roy leur fussent cognues; qu'en tout cas il faloit une explication sur la manière dont la chose se devoit exécuter; qu'ils avoient deux choses à craindre : l'une, le chagrin du peuple et l'autre, que, donnant l'entrée chez moy à d'autres qu'à mon domestique, il pourroit s'y attrouper des gens contre la liberté et la seureté de leur Estat sous ce prétexte; que, sans avoir recours à la Cour, ils m'auroient, si je voulois, l'obligation que la messe ne se dit point chez eux; que l'on pourroit trouver une chapelle plus près de leurs terres que celles qui y sont, à quoy ils contribueroient volontiers; qu'estant dépositaires du testament de Jésus-Christ, ils en devoient rendre compte.

[1] Voyez ci-dessus, p. 47.

« Il y en eüst un, entre autres, qui avoit, je crois, feuilleté de fraische datte toute l'Escriture, depuis la Genèse jusqu'à l'Apocalipse, pour me preuver leur dépost testamentaire et l'obligation de conscience qu'ils avoient à n'en point souffrir la prophanation par ce qui leur estoit proposé. Je n'interrompis point cet entretien (qui fut long) d'une seule parole, et m'estant recueilly, je repliqué qu'ils m'avoient dit bien des choses auxquelles, pour l'estime que j'avois pour eux et la considération du service que je leur avois promis, mon devoir sauf, je ne voulois rien comprendre, de peur d'entrer dans des réflections qui ne seroient avantageuses ny à eux, ny à moy.

« Quant aux intentions de S. M. sur le fait de la messe et aux instructions qu'ils me demandoient, je n'en avois point d'autres à leur donner que la letre du roy, dont eux et moy avions esté honnorés, et qu'ayant recognu mon caractère, ils n'en devoient ny pouvoient ignorer les privilèges que j'estois résolu de soubstenir dans toutes leurs estendües; que je n'avois aucunes propositions à escouter; que, s'ils en avoient quelques unes à faire, ils pouvoient me les donner par escript; que je me chargerois volontiers de les envoyer à Vostre Grandeur, estant conceües dans les termes du devoir, du respect et de l'obéissance. »

Chauvigny revient encore à la charge, dans une lettre postérieure, pour obtenir du ministre des instructions propres à lever les difficultés qu'opposaient Messieurs de Genève, à la célébration de la messe :

« Je ne sçay, Mgr, si Vostre Grandeur ne jugeroit point à propos de me faire faire, en réponce de ma dernière, une instruction, que je peusse faire voir en confidence au premier sindicq, sur la liberté aux religieux passans, ou curés voisins, de pouvoir dire la messe chez moy, et aux catoliques françois ou estrangers, demeurans en cette ville ou passans, d'y assister; je crois que cela abrégeroit bien des difficultés et leur feroit recevoir plus agréablement la chose, que s'ils demeurent dans la pensée de la croire toute de moy. »

Voilà pour ce qui concerne les premiers rapports du résident avec les magistrats genevois. Quant aux relations particulières qui devaient s'établir entre lui et le clergé romain, et quant aux espérances que sa venue avait fait naître parmi les populations catholiques voisines de Genève, il écrivait dans sa lettre du 31 octobre, déjà citée :

« Madame la marquise de Sales m'a asseuré que Madame Royale [la duchesse douairière mère du duc de Savoie] avoit mandé à Mgr de Genève de ne pas s'escarter, sur l'advis qu'elle luy donnoit de mon départ de Paris, et que je ne manquerois pas de l'aller voir. J'ay remis cette visite à samedy et je prendray mes vases à saintes huiles pour en raporter. Je ne sçay, Mgr, s'il me sera permis de donner advis à Sa Sainteté [le pape Innocent XI] du jour que j'auray fait dire la messe en cette ville, ou à droiture, ou à l'adresse de Mgr l'ambassadeur [le duc d'Estrées, ambassadeur de France à Rome].

« Au reste, Mgr, vous ne sçauriez croire combien ma venue a resjouy tous les peuples circonvoisins, François et Savoyards catoliques, et combien de bénédictions le roy en reçoit. Je suis accablé de visites là-dessus, et je puis asseurer Vostre Grandeur que j'ay veu respendre des larmes de joye à plusieurs. On m'a encor asseuré que l'on en a chanté dans quelques paroisses des tedeums. L'on ne peut oster de l'opinion de ces peuples *que S. M. prétend restablir Mgr de Genève*. J'ay toutes les peines et les embarras du monde à répondre, en sorte que *je n'en détruise* ni donne l'espérance, me retranchant sur le secret des intentions du roy, qui ne viennent pas jusques à moy; et j'ose dire que cette réserve, que l'on croit affectée, persuade plus que l'adveu que j'en pourrois faire, *si j'en sçavois davantage*.

« Comme la saison s'advance, j'ose, Mgr, supplier Vostre Grandeur, si elle le juge à propos, de me

donner un congé pour aller lever mon mesnage de
Provence et faire venir ma femme. Je laiserois icy
un homme sage pour le service. Je crois qu'il ne
me faudroit guierres moins de six sepmaines. »

Dans sa lettre du 3 novembre, le résident donne
de nouveaux détails sur l'intérêt que l'on met, dans
l'Église romaine, à son envoi chez les hérétiques de
Genève et, en particulier, sur la part qu'y prennent
l'évêque d'Annecy et le père La Chaise : « J'ay esté
tous ces jours passés à la messe dans trois parroisses
différentes de France et de Savoye, et à pied, quoy
qu'il y ait plus d'une bonne lieue de païs. M. le
marquis du Bernay, officier de son A. R. le duc de
Savoye, m'a envoyé offrir sa chapelle. Je souhaite-
rois pouvoir exprimer à V. G. les bénédictions
que tous les peuples de Gex et de Savoye donnent
à S. M. Il y a peu de gens de qualité, dans l'une et
l'autre de ces provinces, dont je n'aye reçeu visite
ou compliments. Les curés et les religieux y viennent en procession. Leur quantité m'accable. Messieurs de Genève avoyent accoutumé de leur donner
des billets à la porte [de la ville] et les envoyoient
disner dans les cabarets. Ils laissent aujourd'huy le
soin à la résidence, à qui ils les adressent, de faire
l'honneur de la religion, dont je m'acquitte le mieux
que je peux. J'eus mercredi les PP. prieurs des Char-

treux de Villeneufve d'Avignon, de Marseille et de Pommiers ; les deux premiers visiteur et convisiteur de leur ordre; et le père provincial des Cordeliers de la province de Lion, accompagné de quatre de ses religieux.

« Je reçeus hier une letre de Mgr de Genève, qui me demandoit un rendés-vous pour nous voir et m'envoyoit une mission pour mon éclésiastique, sans restriction d'aucun cas de conscience, mesme d'hérésie. Je reçeus le mesme jour une autre de ses letres par un religieux de ses parents envoyé exprès, de sorte que je me suis déterminé de partir après l'ordinaire pour luy aller rendre visite, et j'iray coucher à une chartreuse où j'ay esté invité de passer par le supérieur[1]. *Un père jésuitte m'est aussy venu voir de la part du R. P. de La Chaise, duquel il a ordre, par deux letres précises, d'entretenir une estroite correspondance avec moy,* de qui il luy dit mil biens, sans avoir quasy l'honneur d'estre cognu de luy. »

Il s'agit ici de l'un des religieux de la Société de Jésus établis à Ornex, dans le Pays de Gex, à une lieue de Genève, comme l'avant-garde de la propagande romaine. Il se créa, entre eux et le résident, des rapports intimes qui suppléèrent entière-

---

[1] Sans doute celle de Pommier au pied du Salève, près de la route de Genève à Annecy.

ment à l'absence de toute relation directe entre le
père La Chaise et Chauvigny. Celui-ci, qui craignait,
comme nous le verrons, de mécontenter son supérieur diplomatique en entretenant un commerce
épistolaire avec le confesseur du roi, trouvait, dans
les jésuites d'Ornex, des intermédiaires aussi com-
modes que sûrs pour être tenu au courant de ce que
les chefs du parti religieux attendaient de lui, et pour
les instruire de son côté des progrès de son œuvre.

La plupart des idées qu'il soumet à M. de Pomponne comme des projets de son crû n'ont pas
d'autre origine que les suggestions des révérends
pères, qui connaissaient le terrain beaucoup mieux
que lui. Il est permis de croire qu'on ne se trompe
pas en rapportant à cette influence, fort légitime
d'ailleurs de la part de ceux qui l'exerçaient, la proposition de fonder dans Genève un hôpital catholique, qui serait desservi par les filles de la charité
de Gex. Voici ce que Chauvigny écrit sur ce sujet
dans sa lettre du 3 novembre :

« Comme vous m'avez ordonné, M{sup}, de vous
escrire toutes choses, je suis persuadé que vous
agréerés que je vous die qu'il y a icy un hospital
assez bien réglé, dans lequel on reçoit indifféremment
catoliques et huguenots. Il y avoit mesme, il y a
quelque temps, un hermite. La manière dont ces

premiers y meurent est un mistère; mais il est certain qu'ils ne reçoivent aucune consolation d'éclésiastiques, et je ne sçay s'il ne seroit point de la piété du roy et de la vostre d'y faire quelque réflection. Je n'entre pas dans le sanctuaire pour y porter mes avis; une respectueuse obéisance est mon plus honnorable partage. Si mes forces secondoient mon zèle je ne doubte pas que S. M. ne trouva bon que je prise une maison atenante de la mienne, par laquelle on entrcroit seulement, où j'aurois deux ou trois chambres, tant pour les malades et pauvres catoliques, que pour les religieux. Et, comme S. M. entretient à Gex quelques filles de la charité à pareil fin, j'en ferois venir une icy pour en avoir le soin, sous la conduitte de ma femme, qui s'en feroit un sujet de mérite aussy bien que moy. Messieurs de Genève n'auroient pas lieu de se plaindre que le roy fist des charités à ses sujets dans sa maison. »

Mais ce n'étaient pas uniquement les jésuites qui servaient de directeurs au résident. L'évêque d'Annecy jouait le même rôle et se servait de lui pour arriver à ses fins. Ainsi, dans sa lettre du 7 novembre, Chauvigny informe M. de Pomponne du désir qu'avait le prélat de dire la messe dans sa chapelle quand elle sera ouverte, mais il n'ose se prêter à ce désir sans l'autorisation du roi. Il est facile de s'apercevoir que cette réserve n'est qu'une manière adroite de lancer un ballon d'essai.

« Je revins hier de rendre ma visite à Mgr de Genève à Annecy, *avec lequel j'ay eü de grandes conférences.* J'en ay reçeu toutes les honnestetés possibles, et, à moins que de remetre sa crosse et sa mitre à l'éclésiastique que je luy ay présenté, il n'a pas peü luy donner un pouvoir plus ample, ne s'étant rien reservé. C'est un prélat dont la prestance, la piété et la suffisance, [la capacité] sont surprenantes. Je cognüs bien qu'il auroit assés d'envie de se servir du prétexte de me rendre ma visite pour venir dire la messe dans ma chapelle, mais la manière de sa réception l'embarrasse. Je ne crois pas qu'il fust difficile, *dans l'estime que l'on fait icy de sa personne,* de le satisfaire pour une passade; mais n'ayant aucuns ordres là-dessus, ni particuliers ni généraux, je n'ose en faire un pas. »

Ce n'était pas seulement sur la convenance de laisser « Mgr de Genève » venir dire la messe dans sa chapelle que Chauvigny éprouvait des scrupules; il craignait d'avoir peut-être outrepassé, dans son ardeur à servir les intérêts de l'Église, les limites naturelles de son emploi, et il s'en excusait auprès de M. de Pomponne :

« Je vous demande très humblement pardon,

Mgr, si j'escoute peut estre un peu trop *un zèle de catholicité*, et vous fatigue par des réflections. Je peux vous jurer que le principe en est bon et qu'il n'a point de but plus intéressé que la gloire de Dieu, du roy et la vostre. Cependant je le régleray en sorte que je ne donneray aucune matière de plaintes à ces gens-cy. Je n'ay pas ozé en escrire au révérend père de La Chaise, puisque vous estes le canal par lequel doivent couler tous mes ordres. »

Cependant il faisait valoir, pour atténuer les torts qu'on pouvait lui reprocher, les effets que sa conduite avait produits sur les Genevois, et il écrivait dans ses lettres du 7 et du 17 novembre : « Je peux me flatter, Mgr, que j'ay acquis quelque estime et quelque confiance parmy le Conseil et parmy le peuple. Mais j'ay si peur de faillir que je ne vais qu'à tastons. Ces commencements sont un peu de discussion. Je reçois d'ailleurs force honnestetés. Je vous peux asseurer, Mgr, qu'il n'y a jamais fait plus beau ; qu'à force, depuis trois sepmaines, de parler icy de la messe, ils s'en sont fait une habitude qui leur rend la chose si présente, que le coup ne leur sera plus rude, et que je ne doubte pas qu'après peu de temps d'exercice particulier, il ne fût très facile à Sa Majesté de *faire pousser les choses plus loin.* » Ces derniers mots, sous la plume de Chauvigny, sont l'équivalent des paroles citées plus haut : « Je ne sortiray pas de Genève que je n'aye fait dire la messe dans tous les temples. »

En s'imaginant que les Genevois étaient sur le point de se ranger sous la bannière qu'il venait déployer chez eux, Chauvigny prenait des civilités pour des sympathies. Il ne devait pas tarder à renoncer, sinon à ses poursuites, du moins à ses illusions. Mais il cédait d'autant plus facilement au désir de croire ce qu'il espérait, qu'à ses yeux (ce qui précède ne peut laisser sur ce point le moindre doute) il n'y avait pas d'œuvre plus sacrée, pas d'entreprise plus digne de succès, que de remettre la sainte Église en possession d'un bien qui lui avait été indûment ravi. Son « *zèle de catholicité,* » ainsi qu'il le caractérise lui-même, domine dans son esprit toute autre considération. On ne saurait lui faire un crime d'avoir obéi à des convictions dont rien ne permet de suspecter la sincérité ; seulement il est permis de se demander, si, en voulant jouer tout à la fois le rôle d'agent diplomatique et celui de missionnaire, il ne sacrifiait pas les devoirs de sa charge officielle à l'exercice de son apostolat. Ce qui précède motive suffisamment ce reproche ; ce qui va suivre montrera que les moyens de propagande qu'il préconise sont, en outre, absolument dépouillés de caractère religieux.

On les trouve indiqués dans un Mémoire où le résident, éclairé par « les lumières qu'il a pu prendre » dans ses « grandes conférences » avec l'évêque d'Annecy, et dans son « estroite correspondance » avec les jésuites du pays de Gex, expose, non seulement les procédés propres à achever l'extirpation du protestantisme dans ce territoire, mais encore le plan qu'il conviendrait de suivre pour rétablir le catholicisme dans Genève, en plaçant cette ville sous la domination du roi de France. Ce factum donne, sur les projets et les entreprises du parti dont Chauvigny était l'agent, d'instructives informations. C'est ce qui nous engage à le reproduire presque en entier[1]. Il commence ainsi :

« N'ayant pour but que la gloire de Dieu et celle du roy, qui se trouve en ces quartiers dans la propagation de la foy et le soulagement des pauvres catoliques du pays de Gex, après m'estre recueilly *sur les lumières que j'ay peu prendre jusques à présent*, je ne feray point de difficulté, dans cette seule veüe, de dresser un mémoire avec le respect et la fidélité que je dois à Sa Majesté.

---

[1] Ce mémoire, qui ne porte pas de date, se trouve placé dans le dossier de la correspondance sous le n° 17, entre deux lettres du commencement de décembre, dans l'une desquelles Chauvigny s'excuse " d'avoir ozé demander l'intendance de Gex; „ ce qu'il fait effectivement dans ledit mémoire. V. plus loin, p. 68.

« La baronnie de Gex estant venue à la couronne après l'édit de Nante, les privilèges de cet édit en faveur de la R. P. R.[1] ne s'estendent point sur ce pays, ainsy que S. M. l'a déclaré par son arrest du mois d'aoust 1662. Sa dite Majesté, estant cessionnaire des droits de M. le duc de Savoye[2], peut, sans que ceux de cette religion y trouvent matière de plainte, faire dans ce pays tout ce que M. le duc de Savoye fait dans les terres de son obéissance près de Genève, dans lesquelles il ne souffre aucun exercice de religion contraire à la sienne. C'est ce que S. M. nous a fait connoistre lorsque, sur les instances de Monsieur l'évesque de Genève, elle a fait démolir 22 temples dans ce pays, ne leur en ayant laissé que deux[3], pour des raisons qui ne doivent subsister qu'autant qu'il plaira à S. M. Si Messieurs de Genève, ayant usurpez une souveraineté sur les villages de Chansy, Avully et Moins, y font faire le presche, quoyqu'en pays de S. M., n'y permettant pas mesme l'exercice de nostre religion, ce n'est que par surcéance aux arrests du Conseil et aux ordonnances de M. Bouchu[4].

« Il est certain que cette liberté infecte tout le pays,

1 Religion prétendue réformée.
2 Par le traité de Lyon de 1601.
3 A Sergy et à Fernex.
4 Intendant de la province de Bourgogne, résidant à Dijon.

et qu'il se soustient dans l'hérésie, parce que la pluspart de Messieurs de Genève y ayant tous leurs biens, ils affectent de ne se servir d'aucuns fermiers, ny d'aucuns valets, qui ne soient de leur religion, en sorte qu'il y a des paroisses dans lesquelles il n'y a pas deux familles de catoliques, quoyque (*à ce que j'ay appris*) les sieurs baillis et prévost de Gex y tiennent assez la main. Ce qui soustient aussy ces abus, c'est que, contre les intentions de S. M. connues par ses arrests, il y a encore des juges subalternes de la R. P. R. et que des advocats de cette mesme religion prennent souvent la liberté de remplir la place des juges pour leurs absences. Mais ce qui est déplorable, c'est que la pluspart de ces misérables fermiers, ouvriers et valets, souhaittans qu'il pleust au roy de leur commander d'embrasser publicquement nostre religion, ne sont retenus dans la P. R. que par la crainte de ne pas trouver à se loger et à subsister. De sorte que l'on ne doute pas que, s'il plaisoit à S. M. de faire trois choses, ce pays ne devînt quasy tout catolique, avant deux ou trois ans.

« La *première* seroit de supprimer les deux temples de Fernesse et de Sergy, qui ne peuvent estre entendus compris sous l'édit de Nante, comme l'a déclaré S. M., n'estant ainsy qu'une pure grâce qui ne doit durer qu'autant qu'il luy plaira. La *seconde* de faire

donner cent francs à chaque famille qui se converti-
roit. Et la *troisième* de faire délivrer aux catoliques,
qui sont en petit nombre, le sel au mesme prix qu'il
est donné aux gentilshommes.

« L'on en peut adjouster une *quatrième*, sçavoir qu'il
pleust à S. M. de mettre dans ce pays quelques com-
pagnies de cavalerie et d'infanterie pour tenir en bride
ceux qui voudroient n'estre pas sages; estant encor
vray de dire que *le sʳ de Mauvilly avec sa compagnie
fist, il y a environ vingt ans, plus de catoliques en peu de
temps que toutes les missions n'en n'ont fait depuis.* »

Pour mettre plus efficacement à exécution ce projet
de propagande, qui n'exigeait, en effet, pas beaucoup
de culture théologique, Chauvigny ne trouve rien de
mieux que de solliciter pour lui-même le soin de s'en
charger.

« Il pourroit, » dit-il, « estre d'un grand advantage
qu'il pleust au roy d'honnorer le résident de Genève
de l'intendance du pays de Gex, pour l'intérest de S. M.
et progrès de la religion. Ce seroit d'autant décharger
M. l'intendant Bouchu, qui aparemment ne s'en sou-
cieroit pas; d'autant que c'est un petit pays de trois
lieues de long et deux lieues et demy de largeur,
dont il est très esloigné, extrêmement incomode; ce
qui est cause que ceux du pays ayment mieux souvent abandonner leurs intérests et ceux de la religion
que de courir au remède si loing. »

Voilà pour le pays de Gex, cette ancienne terre protestante qu'avait possédée Genève, et d'où il fallait à tout prix faire disparaître les derniers vestiges de l'hérésie, afin de bloquer, plus hermétiquement encore, la cité huguenotte, en attendant qu'on l'eût fait définitivement rentrer dans la bergerie du vrai pasteur.

« Quant à *la ville de Genève,* » continue l'auteur du mémoire, « je suis persuadé, sur quelques preuves sensibles dont j'ay desja fait part, qu'il y a grand nombre de catoliques qui n'ozent se déclarer, à moins qu'il n'y ait *une liberté de conscience* dont le roy sera tousjours le maistre quand il luy plaira, sans craindre que personne s'y oppose, que par de faibles remonstrances. Ayant d'ailleurs des raisons contre lesquelles on ne peut guère opposer de choses avec justice, Sa Majesté ne les traitant pas d'aliez, mais seulement les honnorant de sa protection qui fait toutes leurs forces, ce qui les peut faire considérer comme des sujets apparemment volontaires et de nécessité pour eux. Sa Majesté souffre dans ses estats et à leurs portes, sans nul prétexte d'édit mais par sa seulle grâce, l'exercice de leur religion. Pourquoy peuvent-ils trouver mauvais que celle de leur protecteur s'exerce chez eux ? La différence de la puissance jette toute la justice du costé de Sa Majesté.

« Je crois qu'il seroit d'un grand avantage qu'il

pleust au roy d'avoir icy [à Genève] une maison à
luy, d'en faire demander une à ce Conseil, ou du
moins une place pour la bastir. Quant il plaira à
S. M. d'entrer dans cette pensée, ce bastiment se
pourra faire sans qu'il luy en couste rien, rendant
mesme service à Monsieur l'évesque de Genève, pour
lequel S. M. a de l'estime, et à son chapitre. Le
moyen seroit que l'un et l'autre fissent une cession
à S. M. des biens et des dixmes usurpées sur eux,
dont Messieurs de Genève jouissent dans les terres
de S. M., ainsy que de celles qu'ils ont usurpées de la
baronnie de Gex, tant pour le passé que pour l'advenir, avec consentement de faire omologuer en cour
de Rome cette cession pour la mettre à couvert de
scrupule.

« Je conviens que la recherche du passé seroit une
affaire; mais en le remettant par S. M. à Messieurs
de Genève, ceux-ci en seroient quittes à bon marché
si S. M. se contentoit qu'ils fissent la despense de ce
bastiment. Elle s'en acquéreroit une grande obligation
sur eux, tous leurs biens en devant respondre. Et cela
les obligeroit d'entrer de gré à gré dans une composition pour *reprendre le mesme gouvernement qu'ils avoient
avant la Réforme, et remettre l'évesque dans ses droits;
lequel, je croy, ne feroit pas mesme difficulté d'en abandonner
la souveraineté à S. M., en prenant des mezures avec Monsieur le duc de Savoye pour le faire de son agrément.*

« Je n'entreray point icy dans le détail *des justes prétentions que S. M. a d'ailleurs contre Messieurs de Genève,*
pour raison des usurpations et détentions de biens
qui luy appartiennent dont ils jouissent, ny de l'exten-
tion qu'ils ont fait à son préjudice sur la terre de Gex,
parce que cela ne regarde point la religion. »

En se laissant ainsi aller aux inspirations de son «zèle
pour la gloire de Dieu et du roy, » Chauvigny ne dépassait pas ses instructions, puisqu'il n'en avait point
reçu, mais il ne prenait certainement pas pour guide
cette « sagesse, » que lui avait recommandée
Louis XIV. Encore pouvait-il penser que ce qu'il
proposait de faire dans le Pays de Gex n'était que le
couronnement d'une œuvre en cours d'exécution;
mais, quant à la conquête politique et religieuse de
Genève, il oubliait (s'il l'avait jamais bien su) que,
depuis le traité conclu en 1579 entre la France et les
cantons de Berne et de Soleure, « *pour la défense et la
conservation de Genève* (traité renouvelé en 1596 et
confirmé en 1658), la politique française, telle que
l'avaient pratiquée Henri IV et Richelieu, s'était
montrée fidèle à cet engagement. Il trouvait, pour la
France, son origine et sa justification, d'une part, dans
le désir d'empêcher que Genève ne tombât entre les
mains du duc de Savoie, et, d'autre part, dans la
crainte de s'aliéner, en s'en emparant soi-même, les

cantons évangéliques de la Suisse, qui donnaient des
soldats au roi, et les autres États protestants, que les
circonstances pouvaient lui procurer comme alliés.
Louis XIV, qui était en ce moment même plus puissant que jamais, et auquel sa prépotence permettait
de tout oser, Louis XIV était demeuré attaché à cette
règle de conduite, dont les suggestions et les combi-
naisons de Chauvigny, si tant est qu'il en ait pris
connaissance, ne devaient pas le faire devier.

Mais, tandis que le résident ne rêvait rien moins
que la complète restauration du catholicisme dans
Genève reconquise; qu'il espérait bien, après sa première messe, « pousser les choses plus loin; » qu'il
ne demandait qu'à pouvoir donner aux « peuples circonvoisins » l'assurance que « le roy prétendoit restablir M. de Genève; » qu'il se préparait à adresser
au pape un premier bulletin de victoire; qu'il parcou-
rait les paroisses catholiques d'alentour pour y re-
cueillir, sinon pour y provoquer, les témoignages
d'une joie triomphante; qu'il se proposait de créer,
sous forme d'hôpital, à côté de sa chapelle, une sorte
de refuge ou de citadelle catholique, — toutes ces
belles visées s'évanouirent à la réception de la réponse
dont il avait si vivement prié M. de Pomponne de
« l'honorer. » La lettre du ministre fut comme un
seau d'eau froide versé sur l'effervescence, où son

ardeur religieuse et son tempérament méridional avaient jeté Chauvigny. Voici le texte de cette lettre, dont le ton ferme et simple forme un frappant contraste avec le style prolixe et échauffé du résident. Elle est écrite ~~l'avant~~ la veille de la disgrâce de M. de Pomponne :

« 17 novembre 1679, à St-Germain.

« Monsieur, je réponds tout à la fois aux trois premières lettres que vous m'avés escrites après votre arrivée à Genève.

« La première estoit accompagnée d'une relation particulière de ce qui s'est passé à vostre réception dans le Conseil et du discours que vous y avés fait. J'ay rendu compte au roy de toutes choses et je m'asseure que Sa Majesté sera satisfaite de vostre conduite dans l'employ qu'elle vous a mis entre les mains.

« Vous avés très bien répondu aux questions qui vous ont esté faites sur la visite qu'il se publioit que vous devoit faire M. l'évesque de Genève. Il est certain que, s'il vous rend celle que vous lui avés faite chés luy, vous ne sauriés manquer à le recevoir avec toutes les civilités qui dépendent de vous et qui sont deües, non seulement à son caractère, mais à son mérite particulier. *Mais, pour ce qui regarde l'envie qu'il auroit de dire la messe dans vostre chapelle, il est à propos*

*que vous l'évitiés. Ce seroit le sujet d'un trop grand bruit
dans la ville.*

« Pour ce qui touche la prière qui vous a esté faite
que cette chapelle ne fust précisément que pour vostre
maison, on doit croire qu'elle ne vous a pas esté
portée de la part du Conseil, puisqu'aiant une chapelle chés vous, comme tous les autres envoyés du
roy en ont dans les païs où l'on fait profession
de la R. P. R., *elle doit estre ouverte à tous les catholiques qui y voudront aller.* Et c'est aussy, Monsieur, ce
que S. M. entend que vous fassiés, y recevant tous les
François et les estrangers, soit prestres, religieux,
ou autres, qui y voudront entendre le service et
mesme y célébrer la messe. Les maisons des ministres du roy doivent tousjours estre ouvertes pour
ce sujet.

« Il suffira que vous donniés avis à M. le duc
d'Estrées du jour que vous aurés fait dire la messe
dans Genève, pour en informer le pape, *sans que vous
en escriviés directement à Sa Sainteté.*

« L'hospital, que vous proposez de faire auprès de
vostre maison, pour y retirer les malades catholiques
est bien digne de la piété du roy; *mais Sa Majesté
ne s'est point encore déterminée sur cela.*

« Vous pouvez aller prendre votre famille en Provence, pour la conduire à Genève, où vraysembla-

blement *vous n'aurés pas de grandes affaires.* Croyez
cependant que je suis tousjours, etc.[1] »

Cette lettre rappelle l'avis donné par un des successeurs du ministre de Louis XIV à ses subordonnés
diplomatiques : « Surtout, pas de zèle. » Elle décon-
certe tous les beaux projets du résident par ces seuls
mots : « Vous n'aurez pas à Genève *de grandes affaires.* »
Elle le remet à sa vraie place, celle d'agent politique,
en écartant ses insinuations pour la messe dite par
l'évêque, la lettre au pape, la création de l'hôpital.
Elle passe absolument sous silence les idées d'agression et d'envahissement que laissait entrevoir le résident, en se faisant l'interprète des vœux des catholiques du voisinage, impatients de voir Genève rede-
venir la métropole religieuse de l'évêché qui portait
encore son nom.

M. de Pomponne n'entre dans les vues de Chauvigny qu'en ce qui concerne l'exercice du culte romain
dans sa chapelle ; mais il envisage cette question uniquement au point de vue du droit international, et il
ne considère pas la messe comme la pierre d'attente
de la reconstruction dans Genève de l'édifice catholique. Qu'il ne dise rien du mémoire qu'avait dressé
Chauvigny, cela s'explique par le fait que cette pièce

---

[1] Les lettres adressées au résident par le roi ou les ministres sont en minute
dans le dossier.

ne put pas lui parvenir avant qu'il eût cessé d'être ministre. Mais son successeur, le célèbre Colbert[1], entre les mains duquel elle arriva, n'en parle pas davantage et n'y fait jamais dans ses dépêches la moindre allusion. On sait que ce grand ministre goûtait peu la guerre faite aux protestants. En annonçant au résident, dans sa lettre du 24 novembre, que le roi l'avait chargé « de toutes les affaires qu'il avoit commises à M. de Pomponne, » Colbert le prévenait simplement que « l'intention de Sa Majesté estoit que la chapelle de la résidence fût ouverte à tous les catholiques qui y voudront aller. » De la propagande religieuse, des plans de conquête, pas un mot.

[1] Jean-Baptiste Colbert, l'illustre ministre de Louis XIV, fut chargé, lors de la chute de M. de Pomponne, d'exercer par intérim les fonctions de secrétaire d'État pour les affaires étrangères, mais il avait obtenu que cette place fût donnée à son frère, le président Colbert de Croissy, qui était alors retenu à la cour de Bavière pour y négocier le mariage du Dauphin, et qui ne vint occuper son poste qu'en février 1680. Voyez Mad* de Sévigné, lettre du 22 novembre 1679.

CHAPITRE IV

Les instructions péremptoires des deux ministres de Louis XIV suffisaient pour que le conflit, soulevé entre le Conseil de Genève et le résident de France au sujet de la messe, prît pour les Genevois un caractère plus grave. Du moment que le roi avait fait connaître sur ce point son expresse volonté, Chauvigny avait là une réponse victorieuse à l'objection qui lui était faite que sa lettre de créance ne renfermait rien qui justifiât la publicité qu'il voulait donner au culte célébré dans sa chapelle. Il s'en prévalut immédiatement pour faire dire chez lui, à portes ouvertes et en présence d'auditeurs étrangers, la première messe, qui eût été célébrée publiquement dans Genève depuis cent quarante quatre ans. Comme il s'était décidé à la hâte, on n'avait pas été prévenu de son projet, et cette messe si redoutée était passée inaperçue pour les magistrats comme pour la population. Elle avait été dite le (20) 30 novembre 1679, jour de la St-André[1].

On ne fut cependant pas longtemps sans être instruit de ce qui s'était passé chez le résident, et le premier syndic Jean Du Pan fut chargé par le Conseil de lui demander à ce sujet de nouvelles explications. Dans cette conférence Chauvigny s'excusa d'abord de n'avoir pas pu, à cause de la maladie du premier syndic, lui donner avis de son intention de faire célébrer, pour la première fois, la messe dans sa chapelle. Il ajouta qu'ayant reçu sur ce sujet des ordres précis de sa cour (et il montra les lettres de Pomponne et de Colbert), il avait dû s'y conformer avec ponctualité et sans retard; ce qui expliquait et justifiait sa précipitation. Il ajouta que, s'il avait lui-même réclamé ces ordres, cela venait des difficultés que Messieurs de Genève lui avaient suscitées.

Le premier syndic lui répondit: « Nous ne nous attendions pas à ce que la bienveillance et la protection à nous promises par Sa Majesté, et dont vostre envoi, M. le résident, devoit être le témoignage et la preuve, eussent pour conséquence d'introduire chez nous *une liberté de religion* contraire à

---

[1] La chapelle du résident était placée dans un jardin situé derrière son hôtel, du côté du lac. Elle se trouvait ainsi loin de la vue et du passage du public, mais elle était entourée et dominée par les maisons construites entre les rues de la Pélisserie et de la Tour de Boël.

notre constitution; ce qui ne peut avoir pour effet
que de nous metre dans une grande confusion et
désordre. Il dépend de vostre prudence, M. le résident, d'interpréter les intentions du roy selon la justice,
et non pas de manière à faire le malheur d'un Estat
que ce grand monarque dit aimer. Permettez-moi de
vous dire qu'il n'y a pas moïen de bien faire le service de son maître dans un païs étranger, quand on
n'est pas en bonne correspondance avec ceux chez
lesquels on est envoié, et qu'il ne faut pas s'observer
les uns les autres dans une défiance perpétuelle.
Veuillez donc, M. le résident, seconder cette bonne
intelligence qui doit être entretenue entre nous, afin
que tout se passe au contentement de Sa Majesté. »

« Je vous répète, Monsieur le syndic, » répliqua
Chauvigny, « que l'obéissance la plus absolue aux
ordres de mon maître est mon seul partage; mais je
veux bien apporter à leur exécution une modération,
dont les *insolences* qui m'ont été adressées ne me feront
pas départir; sachant bien que, s'il le falloit, *le roy
retiendroit votre peuple en son devoir.* Je suis prêt, du
reste, à en user avec Messieurs de Genève aussi bien
qu'il me sera possible et à entretenir avec eux cette
bonne correspondance dont vous venez, Monsieur le
syndic, de rappeler l'importance. Cependant je dois
vous dire qu'il seroit mieux de n'avoir *pas tant de*

curiosité et de ne pas pousser les choses à un point qui forceroit le roy à *s'expliquer plus avant là-dessus*[1]. »

Le Conseil, qui fut promptement instruit de cette conférence, ne put être que désagréablement affecté par la communication qu'avait faite et le langage qu'avait tenu le résident. Les lettres des deux ministres mettaient à néant le biais de la messe privée, « dite à basse note, » et les paroles de Chauvigny offraient un mélange de raillerie et de menace qui ne présageait rien de bon, malgré les assurances bienveillantes dont elles étaient accompagnées. Cependant on ne se tint pas pour battu, et l'on résolut, d'accord avec le conseil des Soixante[2] : 1° d'en appeler au roi de la décision transmise par le résident, en priant celui-ci de surseoir, jusqu'au retour de la réponse royale, à l'exécution des ordres qu'il avait reçus; 2° d'envoyer aux cantons de Zurich et de Berne un député qui leur ferait connaître l'état des affaires « afin de chercher avec eux, » dit le registre, « un remède aux maux qui nous menacent. » Le conseiller d'État, Jacques Franconis, fut chargé de cette mission[3].

---

[1] Voy. Registres du Conseil des (22) et (25) novembre 1679. On trouve dans les Portefeuilles historiques, n° 3671, un rapport de B. Lect sur cet « entretien, » qui eut lieu le (21 novembre) 1er décembre 1679.

[2] On réunissait et on consultait ce Conseil dans les circonstances extraordinaires et difficiles.

[3] Voy. Registre du Conseil (22) novembre 1679.

La première messe n'avait, comme nous l'avons dit, suscité dans la population genevoise, qui n'en avait pas eu préalablement connaissance, aucune agitation immédiate. Mais, quand, les jours suivants, on vit la chapelle ouverte à tous venants, la répétition quotidienne du culte, la célébration de l'office en plain-chant, le grand nombre d'ecclésiastiques séculiers et réguliers qui se rendaient chez le résident, les citoyens commencèrent à s'émouvoir et à se livrer, soit à des actes de dérision, soit à des vivacités de langage, que Chauvigny pouvait traiter d'*insolences*. Les paroles qu'il proférait lui-même entretenaient l'irritation, et, quand on l'entendait dire que « St-Gervais appartenoit au roy, comme tout ce qui se trouvoit sur la rive droite du Rhône; » que « le tiers de la ville estoit catholique; » qu'il « formeroit dans Genève une bonne Église; » que « le roy, pour prendre la ville, n'auroit qu'à envoyer un valet de pied,[1] » il n'y avait pas dans ces propos de quoi calmer l'opinion publique. Qu'aurait-ce été, si l'on avait connu les lettres et le mémoire qu'il avait envoyés à St-Germain?

On en était là, des deux côtés, lorsqu'un incident, de peu d'importance en lui-même, mais élevé par le

---

[1] Registre du Conseil, (22) et (23) novembre 1679; Registre secret (24) novembre 1679. « État de l'affaire de M. de Chauvigny, » dans les Portefeuilles historiques, n° 3671.

résident à la hauteur d'un attentat contre sa personne, vint occuper seul la scène et compliquer la situation. Le matin du (24 novembre) 4 décembre, pendant que Chauvigny, accompagné de quatre pères Chartreux, qui étaient venus dire la messe chez lui[1], se tenait dans une galerie située sur le côté de sa maison tourné vers le lac, un coup de pistolet fut tiré d'une fenêtre voisine, et suivi, pendant que le résident avec ses hôtes rentrait dans sa demeure, de deux autres coups de feu. Aussitôt Chauvigny sort de son hôtel, devant lequel les messes dites par les religieux avaient déjà attiré beaucoup de monde, traverse la foule, « avec une grande intrépidité, » dit Leti[2], « quoiqu'il fût de très petite taille, » arrive à la maison de ville, franchit l'entrée de la salle où le Conseil siégeait en ce moment, et expose que tout à l'heure il vient d'être l'objet d'une agression accompagnée d'injures, dont il demande qu'il soit fait bonne et prompte justice.

« J'ai pu, » dit-il, « mépriser les menaces qui m'ont été faites par quelques particuliers; mais on vient en cet instant de tirer contre mon logis, comme je passais sur ma galerie, un coup de pistolet, dont les

---

[1] C'étaient ceux dont il avait déjà reçu la visite un mois plus tôt (V. ci-devant p. 59) et qui revenaient de leur tournée d'inspection.

[2] Historia Genev. V. 381 : « Con una fiera costanza il Chauvigni, che per la sua picciolezza appena si vedeva trà gli uomini, uscì in mezzo à quella folla..... »

marques se voyent encore sur les murailles. J'ai dit
à celui qui l'avait tiré que je ne voulois pas de coups
de pistolet dans mon voisinage et qu'il estoit un
coquin, contre lequel j'allois porter plainte : « Coquin
vous-même, m'a-t-il répondu, je me moque de vostre
plainte, et je vous feray sauter la cervelle. » Chauvigny ajouta qu'il allait informer sa cour de ce qui
venait de se passer et qu'il demanderait au roi les
moyens de pourvoir « à sa seureté. » Il réclamait, en
attendant, l'établissement d'un corps de garde, de jour
et de nuit, à la porte de son hôtel pour protéger sa
personne.

Le Conseil s'empressa naturellement de promettre
au résident qu'une enquête « exacte et diligente »
alla t être ouverte, et bientôt après, ayant appris quels
étaient les auteurs présumés de l'esclandre, il les fit
arrêter et mettre en prison. L'un était un citoyen,
l'autre un étranger[1]. Le Conseil donna, en outre,
l'ordre de fermer les portes de la ville par mesure de
précaution, comme c'était l'usage en cas d'alarme.
Mais l'état d'animosité et de défiance où se trouvaient
déjà les esprits éveilla des doutes sur le fond même
de la plainte du résident, et l'arrestation des deux prévenus provoqua un vif mécontentement dans la popu-

---

[1] Le premier s'appelait Daniel Cléjat ; le second était Hollandais et se nommait Étienne Dehonna.

lation. Il se forma, autour de l'hôtel de ville, comme auprès de l'hôtel de la résidence, des attroupements dans lesquels on incriminait la condescendance des magistrats, on blâmait la fermeture des portes de la ville, on parlait de délivrer les prisonniers, on se montait la tête contre le résident.

Sur ces entrefaites, et tandis que Chauvigny était encore auprès du Conseil, un nouvel incident s'était produit, qui vint aggraver les choses. Les religieux, qui avaient dit la messe chez le résident (« durant laquelle « comme ils le racontent » ils entendoient dans les maisons voisines chanter la chanson de l'Escalade, »), sortirent tous les quatre de la résidence pour regagner leur auberge des « Trois Roys. » Mais la foule, qui s'était assemblée devant l'hôtel, les entoura et les suivit. Durant le court trajet qui sépare la Grande Rue de la place de Bel-Air ils furent grossièrement insultés, sans voies de fait cependant, par ce cortège malveillant, qui leur inspirait, disent-ils, tout à la fois la crainte et le désir du martyre, « pour la querelle de Dieu et de son Église[1]. »

Il y avait en ce moment dans la ville tous les éléments d'un tumulte populaire. La Compagnie des pasteurs, prenant sa part de l'émotion publique, vint

____

[1] Voyez dans la brochure citée plus haut, p. 3, la « Relation » donnée par les Chartreux eux-mêmes et plus loin p. 91 le titre de cet opuscule.

offrir au Conseil, qui siégeait en permanence, de s'employer auprès des bourgeois, « pour apaiser la sédition. » Quelques-uns même de ses membres, Messieurs Mestrezat, Turrettini, Dufour et Tronchin, se mêlant aux groupes formés devant l'hôtel de ville, contribuèrent à les calmer. Mais le Conseil, qui ne tenait pas à voir le clergé s'immiscer dans la politique, et qui avait d'ailleurs réussi à dissiper de gré ou de force les attroupements, le Conseil déclina cette offre, tout en priant la Compagnie d'user, « dans les rencontres, de remontrances envers le peuple, *qui se trouvoit ému pour le fait de la religion,* afin de le contenir et de le persuader de se reposer sur la conduite du magistrat. » Néanmoins, quelques pasteurs qui avaient persisté dans leur dessein rapportèrent au premier syndic que, « s'estant distribués en divers endroits de la ville, pour tascher d'adoucir les esprits, ils avoient bien reconnu qu'il sera très difficile d'apaiser le peuple, si le résident continue d'exercer sa religion *avec l'extension qu'il pratique*[1]. »

Il y avait là pour le Conseil un motif de plus de persévérer dans ses efforts pour limiter et réduire cette extension. Mais il fallait, avant tout, prévenir les conséquences fâcheuses que pouvaient avoir,

----

[1] Registre du Conseil et Registre secret, (24) novembre 1679.

auprès de la cour de France, les plaintes exagérées de Chauvigny, et se prémunir contre les dangers auxquels Genève même était exposée par l'agitation qui, soit dans son sein, soit dans son voisinage, s'était emparée des esprits.

Pour prendre les mesures les plus propres à conjurer ces divers périls, le petit Conseil jugea convenable de réunir et de consulter successivement le Conseil des Soixante et celui des Deux Cents. On émit, dans ces deux assemblées, toute sorte d'avis, plus ou moins sensés, plus ou moins chimériques, comme il arrive en de telles occasions. De ces nombreuses propositions le petit Conseil n'en adopta que deux. Il résolut, en premier lieu, d'envoyer un député à Louis XIV, et, en second lieu, de s'opposer à l'affluence des catholiques dans Genève. On pensait qu'en s'adressant directement au roi (à ses ministres tout au moins), on réussirait, par des explications de vive voix, « à parer, » dit le registre, « aux sinistres impressions données par le résident, et aux dangers dont sa conduite nous menace[1]. »

Mais, à côté de cette décision, dont l'effet devait nécessairement se faire attendre, on prit, sans retard, des mesures pour qu'un trop grand concours de

---

[1] Registre du Conseil, (25) novembre 1679.

« papistes » n'eût pas lieu dans Genève, et pour empêcher que ceux du dehors, se réunissant à ceux du
dedans sous prétexte d'assister à la messe du résident, leur présence ne devînt tout à la fois le masque
et l'auxiliaire d'une entreprise dirigée contre la ville.
Il fallait donc en éloigner les uns et en refuser l'entrée
aux autres. On décida, en conséquence, de soumettre
à une révision sévère les permis de séjour accordés à
des catholiques, et de faire vider la place à toutes les
personnes suspectes. On résolut, en outre, de placer
aux trois portes de la ville des « notables, » chargés
de prévenir les étrangers que toute espèce de culte,
autre que celui de la religion réformée, était formellement interdit dans Genève[1].

Chauvigny prit assez mal l'envoi du député que
la Seigneurie venait de faire partir pour la cour de
France. Ce député était Barthélemy Lect, celui-là
même qui avait sollicité la place d'agent du roi, après
la mort du pasteur Favre. C'était, au dire de Chauvigny, « un homme d'esprit et de feu, et un des
plus habiles qu'ils ayent. » Mais la nomination de
cet envoyé, confiée par le Conseil aux seuls syndics,
avait été entourée, ainsi que son départ, d'un si profond mystère (à Genève comme à Venise le secret

---

1 Registre du Conseil, (27) novembre 1679.

était un des ressorts de l'État), que son nom ne figure pas même sur le registre où il est fait mention de la mission dont il était chargé[1]. On espérait ainsi prendre les devants sur Chauvigny et ne pas lui laisser le temps de présenter sous un faux jour une démarche que sa propre conduite rendait nécessaire.

Mais des lettres de Lect perdues, ou plutôt interceptées par celui auquel il les avait remises, tombèrent entre les mains du résident et lui révélèrent ce qu'on voulait lui cacher. Il commença par railler les magistrats du soin qu'ils avaient pris de lui céler l'envoi de leur député, auquel, disait-il, il se serait fait un plaisir de donner des lettres de recommandation. Mais cette ironie dissimulait mal le dépit qu'il éprouvait de ce qu'on s'était mis, en dehors de lui et probablement contre lui, en rapport direct avec le gouvernement du roi. Le résident n'avait-il pas été établi à Genève, précisément pour dispenser les magistrats genevois de recourir personnellement à Sa Majesté? Sans doute; mais on n'avait pas prévu le cas où il s'agirait de recourir contre le résident lui-même. Chauvigny ne se fit donc pas faute de prédire l'échec inévitable que la mission de Lect devait éprouver, et il se hâta d'assurer, par ses lettres au ministre, l'accomplissement de cette prédiction.

---

[1] Il ne figure pas davantage dans le registre secret, proprement dit, qui était tenu en dehors et à côté de celui des délibérations ordinaires.

Cependant l'enquête judiciaire sur les coups de feu tirés dans le voisinage de la résidence avait été rapidement conduite[1], et elle avait établi que celui que Chauvigny prétendait avoir été dirigé contre lui avait été lâché en l'air, de haut en bas, dans la direction d'un jardin situé au-dessous de la demeure du résident. Aussi ne put-on constater aucune trace de balle sur la muraille de son hôtel. Il y avait eu là, sans doute, un acte de bravade et beaucoup d'impertinence, mais ni tentative ni imprudence homicides. Le citoyen qui s'en était rendu coupable et qui, de lui-même, s'était constitué prisonnier, affirmait qu'il n'avait pas cru avoir affaire au résident, qu'il ne connaissait pas, vu le peu de temps écoulé depuis l'arrivée de celui-ci à Genève. Les deux autres coups de feu ne présentaient aucune espèce de gravité; ils étaient le résultat de la décharge de deux fusils, que leur propriétaire était occupé à nettoyer hors de la portée et de la vue de la maison de Chauvigny. La coïncidence des explosions était purement fortuite.

Le rapport que le résident adressa à sa cour, sous l'impression immédiate de l'émotion que lui avait causée cet incident, présentait les choses sous des couleurs beaucoup plus noires. Il en était de même

---

[1] Voy. Portefeuilles historiques, n° 3671, et Procès criminel année 1679.

du récit qu'il faisait de la mésaventure arrivée aux
pères Chartreux. Elle aurait débuté, à l'en croire, par
des actes de violence contre leurs personnes, qui,
d'après le témoignage « d'un homme de qualité de
cette ville, catholique dans l'âme, » auraient été secrè-
tement provoqués par les magistrats eux-mêmes, afin
« d'oster aux prêtres et religieux l'envie de venir à
Genève. » Seulement ce mauvais parti fait aux moines
avait, contre l'intention de ses instigateurs, dégénéré
en sédition, parce que « ceux qui n'étoient pas dans
le secret avoient poussé la violence plus loin qu'on
n'avoit résolu, y en ayant mesme eu qui ont perdu
le respect deü au magistrat. »

Mais on possède, pour rectifier les assertions de
Chauvigny, soit en ce qui le concerne, soit en ce qui
concerne les religieux, la relation imprimée que
publièrent à cette occasion ces mêmes pères Chartreux qui avaient été les témoins de la scène du coup
de pistolet et les objets de la vindicte populaire. Ce
document confirme entièrement les résultats de l'enquête ordonnée par le Conseil. Comme celle-ci il
écarte, pour ce qui se rapporte au premier incident,
toute idée d'un attentat dirigé contre la personne du
représentant du roi. Des propos inconvenants, mais
nulle espèce d'agression, voilà ce que, d'accord avec
l'instruction judiciaire, constate cette relation, dont

les auteurs avaient d'ailleurs fait devant la justice des
dépositions analogues[1].

Pour ce qui les regarde personnellement, ils signa-
lent, non pas les mauvais traitements, mais les mauvais procédés, dont ils s'étaient eux-mêmes mal à
propos exagéré les conséquences, en se croyant sur
le point « d'estre mis en pièces, » tandis que, au contraire, « marchant toujours notre pas, » disent-ils,
« nous arrivâmes aux Trois Roys sans avoir obtenu
la couronne que nous nous étions promise. » On
n'avait, contre leur attente, commis aucune violence
envers leurs personnes, mais les injures grossières
qu'on leur avait adressées les avaient d'autant plus
troublés, que « Messieurs de Genève, » disent-ils,
« ayans toujours reçus nos Pères avec beaucoup de
considération et d'honnesteté, et nous ayans mesme
fait paroistre *leur amitié* diverses fois, que nous les
avons veus dans leur ville, il n'estoit rien arrivé de
nouveau entre eux et nous qui peust avoir donné
occasion de nostre part à cette insulte. Il n'y a, »
ajoutent-ils, « que la visite que nous avons rendue
à M. le résident et la messe que nous avons célébrée

---

[1] « Relation de ce qui est arrivé à M. de Chauvigny, résident de France, et
à quatre pères Chartreux après avoir dit la messe dans la chapelle domestique
de M. le résident et du tumulte arrivé en cette rencontre à Genève le 4 décembre 1679, » dans la brochure citée p. 30. Voy. aussi les Portefeuilles historiques, n° 3671.

dans sa chapelle, qui puisse les avoir excités à cette entreprise. »

Les religieux avaient raison; c'était la messe rétablie dans Genève qui transformait en malveillance et en animosité le bon accueil auquel on les avait jusqu'alors accoutumés. L'ancienne aversion de la population genevoise contre ceux que, dans son rude langage, Calvin appelait « les messatiers, » s'était réveillée en voyant « le papisme » reparaître au milieu d'elle, enseignes déployées. De même que les catholiques croyaient avoir, sinon tout fait, du moins beaucoup obtenu pour leur Église, en installant sur un sol hérétique le saint sacrement de l'autel, qui est à leurs yeux la plus haute expression de leur culte, de même les huguenots genevois envisageaient la célébration de la messe comme la forme la plus choquante, sous laquelle pouvait se produire ce qu'ils nommaient « l'idolatrie papistique. » Ils avaient sucé avec le lait ce sentiment de répulsion, plus irrésistible que réfléchi, qui leur inspirait à l'endroit du culte catholique, une sorte d'horreur, que ni les doctrines, ni les personnes, ne provoquaient au même point. On les avait pris par leur côté le plus sensible, et il en résultait tout naturellement une sorte d'exaltation dont ils n'étaient du reste pas seuls atteints.

Tandis qu'ils s'échauffaient à la pensée que le retour

de la messe n'était que le prélude d'une agression, dont l'état de fermentation où se trouvaient les catholiques du voisinage, rendait la perspective très probable, les religieux, de leur côté, qui, de la part d'hérétiques furieux, pensaient avoir tout à craindre, s'étaient crus au moment de devenir des martyrs. Chauvigny, à son tour, qui, dans tout ce qui le concernait, était fort enclin à l'exagération, croyait sa vie menacée et il se disait « prêt à verser jusques à la dernière goutte de son sang, qui ne pouvoit estre plus glorieusement répandu que pour la gloire de Dieu et pour celle de Sa Majesté. » Il parlait même des préparatifs de défense qu'il faisait dans sa maison, où il avait avec lui, disait-il, « des gens tout résolus de faire leur devoir, *jusqu'à la mort.* »

Il y avait comme de la fièvre dans l'air, et tout prenait des proportions démesurées sous l'influence de cette excitation. L'évêque d'Annecy et le résident en donnèrent l'un et l'autre une étrange preuve. Le premier, qui était pourtant un prélat de sens et de mérite, fut saisi, en apprenant la nouvelle du fameux coup de pistolet, du vertige que faisait régner alors la passion religieuse. Rappelant l'éclatante satisfaction que le roi Louis XIV avait exigée pour l'insulte, accompagnée de meurtres, faite à son ambassadeur par les gardes corses du pape Alexandre VII, Jean d'Aranthon comparait à cette audacieuse violation du droit

des gens la détonation dont les oreilles seules de Chauvigny avaient souffert, et il lui écrivait: « La même
main, qui érigea une pyramide à Rome dans le ponti-
ficat d'Alexandre VII, *n'a pas moins de sujet de faire éri-
ger maintenant un autel à Genève*[1]. » Cet autel expiatoire,
c'était celui où le bon évêque se voyait déjà officiant
pontificalement, après avoir fait une entrée triomphale,
la crosse en main et la mitre en tête, dans « sa ville
épiscopale, dont la conversion, » dit son biographe,
« étoit l'endroit qui lui tenoit le plus au cœur, et qui
formoit le principal objet de ses prières et de ses
soins[2]. »

L'hallucination du résident avait moins de gravité.
Le jour même, où avaient été tirés les coups de feu
qui l'avaient tant ému, se trouvant avec deux de ses
domestiques dans le jardin de son hôtel du côté du
lac, ils avisèrent, dans un belvédère ou guérite, sur
le haut d'une maison voisine, un homme qui, dit
Chauvigny, « le couchoit en joue avec une arme à
feu. » Il avait immédiatement quitté son jardin et
porté plainte aux officiers de la justice. Ceux-ci,
s'étant incontinent enquis de l'affaire, avaient aisément
découvert l'individu qui s'était rendu coupable de ce
quasi-attentat. Interrogé, il avait répondu (et l'on avait

---

[1] Lettre à Chauvigny du 6 décembre 1673: n° 15 du recueil cité p. 43.
[2] La Vie de Jean d'Aranthon, p. 251.

constaté l'exactitude de sa réponse) qu'il n'avait point
porté dans son belvédère une arme à feu, mais bien
« une lunette à longue vue, » qu'il avait en effet bra-
quée sur la personne du résident, « pour le mieux
voir. » Celui-ci avait pris le tube de la lunette pour
un canon de fusil[1].

Cette amusante bévue eut-elle pour effet de dissiper
ou d'accroître la mauvaise humeur de Chauvigny?
C'est ce qu'il est inutile d'approfondir, pas plus qu'il
n'importe beaucoup de savoir si c'était par plaisanterie ou sérieusement qu'il disait, à propos de l'individu qui avait lâché le coup de pistolet, que « si le
Conseil le condamnoit *à mort,* il demanderait sa grâce. »
Mais, en même temps, il témoignait un vif mécontentement contre les magistrats, qu'il accusait de
mettre, dans l'enquête qui lui avait été promise, une
mollesse qui faisait assez voir que, de leur part, il y
avait là « un jeu joué. » Il écrivait dans ce sens à
St-Germain, et il ne se faisait pas faute de répéter à
Genève que le roi exigerait, pour le culte catholique,
une publicité plus grande encore que celle dont on se
plaignait, et que, pour vaincre toute résistance, « il
seroit mis, dans le balliage de Gex, des gens de guerre
là où les Genevois ont leurs biens[2]. »

---

[1] Registre du Conseil, (25) novembre 1679. L'auteur du prétendu meurtre se
nommait Gardelle.

[2] Registre du Conseil, (25) et (29) novembre 1679.

Cependant Chauvigny était si peu sûr de voir ses plaintes rencontrer auprès de Colbert un favorable accueil (surtout quand Lect aurait pu les combattre et les réduire à leur juste valeur), qu'il sentit lui-même la nécessité d'atténuer la gravité du crime qui aurait été commis, en sa personne, contre la majesté du monarque dont il était le représentant. Comprenant bien qu'il avait eu tort de faire une grosse affaire de ce qui n'était que l'inconvenante étourderie d'un mal appris, il fit savoir au Conseil, qui désirait lui-même en finir avec cette sotte affaire, qu'il avait écrit à sa cour pour que l'on n'insistât pas sur la punition des coupables, et pour que l'on rendît justice à la conduite qu'avaient tenue les magistrats et les pasteurs genevois « lors de l'émotion arrivée le 4 décembre. » Il était d'autant plus certain d'obtenir ce résultat, que l'on avait vite démêlé à St-Germain ce qu'il y avait d'exagéré dans ses premiers rapports, et qu'on traitait, comme le raconte Lect, de « bagatelles et de fadaises » ce dont il avait voulu faire une impardonnable offense au droit des gens, dans laquelle le gouvernement de Genève aurait eu la main.

Aussi, quand le député du Conseil arriva à la cour de France, n'eut-il aucune peine à faire agréer les excuses et les explications qu'il était chargé de pré-

senter au ministre du roi[1]. Reçu en audience particulière par Colbert, le lendemain même de son arrivée,
Lect lui dit qu'il « estoit envoyé par Messieurs de Genève, pour asseurer Sa Majesté de leurs très humbles
respects, et pour luy rendre raison de leur conduite
sur le fait des plaintes de M. de Chauvigny, à l'occasion de particuliers qui avoient manqué de respect
pour sa personne. » Il ajouta que le Conseil avait
fait emprisonner ces individus, et qu'il « désiroit savoir
ce que Sa Majesté voudroit qu'on en fist. » Là-dessus
Colbert répliqua « que Sa Majesté avoit été satisfaite
de la conduite de Messieurs de Genève en ceste rencontre; que, quant aux prisonniers, le roy son maître
étant un grand roy, auquel on ne présentoit pas des
criminels qu'il ne leur fist grâce, il avoit pardonné
aux dits prisonniers, et qu'il en écrivoit à M. de
Chauvigny, pour les faire mettre en liberté; » que,
d'ailleurs, M. Lect pouvoit assurer Messieurs de Genève de la bienveillance du roi et de la disposition
où il étoit, lui, Colbert, « de leur rendre service. »

La lettre adressée par Louis XIV à son résident,
fut en effet expédiée le surlendemain de l'audience
accordée à Lect. Elle était accompagnée d'une réponse du roi à la lettre que les magistrats genevois

---

[1] La correspondance de Lect pendant sa mission à la cour de France se
trouve aux Archives de Genève dans le n° 3673 des Portefeuilles historiques

lui avaient écrite avant le départ de leur député·
Cette réponse montrait assez que, sans vouloir désa-
vouer son représentant, le monarque envisageait les
choses autrement que lui. La voici[1] :

« Très chers et bons amis, Nous avons reçeu la
lettre que vous nous avez escrite sur l'*accident* arrivé
dans la maison du s[r] de Chauvigny, nostre Résident,
et Nous avons veu avec satisfaction que vous vous
soyez mis en peine d'y apporter le remède nécessaire
et d'en punir les autheurs. Nous ne voulons pas aussi
douter que vous ne donniez les ordres nécessaires
pour empescher qu'il n'arrive plus à l'advenir de pareils
désordres. Et, comme Nous nous remettons du reste à
ce que le dict s[r] de Chauvigny vous fera connaître
de nostre part sur le procès des prisonniers qui avoient
tiré dans sa maison, Nous ne vous ferons la présente
plus longue, que pour prier Dieu qu'il vous ayt, très
chers et bons amis, en sa sainte garde.

« Escrit à St-Germain en Laye, le 15me jour de décembre 1679. LOUIS (et plus bas) *Colbert.* »

Tout est rentré dans le vrai; chaque chose a reçu
le nom qui lui convient : le coup de pistolet est devenu un *accident*, l'échauffourée contre les Chartreux
(si même il y est fait allusion) est simplement un

---

[1] Portefeuilles historiques, n° 3666. Registre du Conseil, du (13) décembre
1679.

désordre. Rien ne rappelle, ni les soupçons de complicité, ni les menaces d'intervention, que le résident faisait planer naguère sur les magistrats genevois. Quant à la communication que la lettre qu'il avait reçue lui-même le chargeait de faire au Conseil de la part du roi, elle consistait à déclarer que Sa Majesté se contentait de la punition déjà subie par les prisonniers et qu'Elle « agréoit que le Conseil leur accordât leur grâce en son nom. » Trois semaines de prison préventive suffisaient à l'expiation du soi-disant forfait.

Mais une solution si simple ne faisait pas le compte de Chauvigny. Il voulait qu'à Genève l'éclat du pardon répondît à l'éclat de sa plainte, et donnât à celle-ci une apparente justification. Il arrangea, dans cette intention, une mise en scène, à laquelle la Seigneurie dut, avec plus ou moins de bonne grâce, se prêter, et dont il eut soin d'envoyer à Paris, pour être insérée dans le *Mercure Galant*[1], une narration, qu'ont copiée Leti et Spon, mais dont le caractère ampoulé et théâtral cadre mal avec ce que renferme sur ce sujet le procès-verbal du Conseil, sous la date du (13) décembre.

Après un éloge emphatique de la clémence du roi, qu'il ne craint pas de comparer à la miséricorde

---

[1] Janvier 1680, p. 30-46.

divine, Chauvigny demande que les prisonniers soient amenés en sa présence, et que les portes de la salle du Conseil soient ouvertes au peuple, afin qu'il puisse être témoin de cet acte de la bonté royale, « trop esclatant pour ne pas le rendre public. » La relation du *Mercure Galant* met ensuite dans la bouche du premier syndic une mercuriale adressée « au plus criminel des prisonniers, » et qui est en pleine contradiction avec la réalité des faits. « Sur quoi M. de Chauvigny, » dit la narration, « pour toucher davantage ce peuple, prit la parole et dit : Mes enfans, le roy mon maître vous ayant fait grâce, je n'ai plus qu'à vous offrir mon amitié et à vous demander la vôtre... Puis, relevant la voix, il ajouta : Et sachez, aussi bien que tout ce peuple qui m'entend, que si mon auguste maître sçait faire des grâces quand il lui plaît, il sçait et peut aussi, quand il veut, châtier l'abus que l'on pourroit faire de sa clémence! »

Il est inutile de discuter ce que valait la satisfaction d'amour-propre que le résident pouvait trouver dans cette manifestation; l'important c'est qu'on voyait ainsi se dénouer, sans fâcheuses conséquences, un de ces épisodes, fréquents dans l'histoire, qui peuvent être rangés sous le titre : « Beaucoup de bruit pour rien. »

CHAPITRE V

Ce qui était plus grave que l'épisode semi-sérieux,
semi-burlesque, raconté dans le précédent chapitre,
c'était la persistance du dissentiment relatif à l'exercice de la messe. Chauvigny, avant de quitter la
salle du Conseil, était revenu sur ce sujet, et, tout en
promettant de prendre toutes les précautions de bienséance pour diminuer le chagrin, bien ou mal justifié,
que causait à Messieurs de Genève l'exercice de la
religion catholique dans la maison du roi, il les avait
invités à « se défaire, de leur part, de ces curiositez
qui ne sont pas seulement inutiles, mais dangereuses. »
Il témoignait aussi le regret que les ministres, dans
leurs prédications, fissent des allusions propres à
inspirer à leurs auditeurs « des desseins et des désirs
mal réglez, ayant remarqué, » ajouta-t-il, « que, jeudy
dernier le sieur **, dans la première prédication de

son ministère, fit, par une mauvaise figure de rhétorique, une comparaison dont l'application pouvoit
estre dangereuse ; au lieu que les sieurs *** s'étoient
particulièrement attachez à inspirer à leurs auditeurs
l'obéissance et le respect qui est dû aux souverains[1]. »

Cette critique de Chauvigny rentrait tout à fait
dans les idées du Conseil, et on la fit parvenir sans
retard à celui qu'elle concernait. Mais, d'un autre
côté, on voulut savoir à quoi s'en tenir sur ce que
pouvaient valoir les bonnes et vagues promesses de
modération qu'il avait faites. Quelques membres du
Conseil l'étant allés voir, et ayant cherché à le faire
expliquer sur ce sujet, il répondit qu'il ne recevrait
chez lui, pour la messe, ni curé savoyard, ni catholiques demeurant à Genève ; que, toutefois, il ne pouvait pas n'y pas admettre, de loin en loin, quelques
autres prêtres que son aumônier, et, lors des grandes
fêtes, « pour catéchiser celui-ci et les gens de sa maison, un père jésuite, le chapelain n'étant capable
suffisamment. » Du reste, ajouta-t-il, « vous feriez
mieux de ne pas tant scruter les choses ; ou bien,
si vous prétendez les faire changer, vous avez maintenant un envoyé en cour, qui n'a qu'à le demander[2]. »

Le gouvernement genevois n'avait pas eu besoin

<hr>

[1] Les noms des prédicateurs sont omis dans le récit du « Mercure Galant. »
[2] Registre du Conseil (15) décembre 1673.

du conseil de Chauvigny, pour charger Lect d'aborder
ce sujet avec le ministre du roi. Il y avait été d'autant plus encouragé, que, tout au travers des incidents
qui s'étaient produits et des pourparlers qui avaient
eu lieu, le résident n'avait pas cessé, en dépit de ses
belles promesses, d'attirer de plus en plus aux offices
de sa chapelle des catholiques du dehors, malgré les
mesures préventives prises par le Conseil, et qu'il
travaillait sous main, dans l'intérieur de la ville, à rechercher s'il ne pourrait point y découvrir des adhérents secrets de l'Église romaine. On peut sur tout
cela le laisser parler lui-même.

Il écrivait le dimanche 12 décembre à Colbert:
« Je ne laisse pas, Mgr, à faire dire la messe chez moy.
J'y en ai eu deux samedy et autant aujourd'huy. Il
n'a encore esté dit chez moy que neuf messes par des
prêtres étrangers. Il est impossible que je vous puisse
dire le nombre des catholicques qui peuvent estre à
Genève. Ils sont de deux sortes : les uns bourgeois
et habitans, qui n'osent se descouvrir, car ils seroient
perdus. J'en sçay bien trois ou quatre familles qui
m'en ont fait confidence, et, si j'en crois ceux du
voisinage qui m'en parlent dans le secret, on prétend
qu'il se trouvera un quart de catholicques; c'est dont
je ne peux donner aucune certitude. L'autre sont des
compagnons de mettier, valets, servantes, dont ils

ne se peuvent passer, quoy qu'ils les aient mis dehors, comme j'ay l'honneur de vous le marquer au commancement de cette lettre. Ils s'y fient mesme mieux qu'à ceux de leur religion. De ceux-là il y en a quasy tousjours trois à quatre cens dans la ville, qui augmenteroit de beaucoup de ces deux sortes de catholicques, si *la liberté de conscience* y estoit avec seureté pour eux. »

Puis, le 15, il reprend : « La catholicité est si grande chez les peuples circonvoisins, que si Sa Majesté me continue les ordres de tenir sa maison ouverte, pour y recevoir tous ceux qui y voudront entendre ou célébrer la messe, il vaudroit autant, pour Messieurs de Genève, que l'exercice y fust publicq. Il n'y a point de jour que nous n'ayons trois à quatre messes. Et, depuis le bruit, je ne garde aucune mezure là-dessus, quoyque le controolle en soit à ma porte par ces gardes [celles qui lui avaient été données sur sa demande]. Les marquises de Polinge et de Mantout, des premières maisons de Savoye, y assistèrent hier; la première, qui est sœur de M. le président de Bellegarde de Chambéry, y communia. A chaque fin de messe on prie Dieu pour S. M. et je puis asseurer Vostre Grandeur que la dévotion est si grande, que je vois que peu de personnes entrent ou sortent de cette chapelle qu'avec des larmes de

tendresses et de joye dans les yeux, et des bénédictions pour S. M. dans la bouche et dans le cœur. »
Il revient encore sur ce sujet quatre jours plus tard :
« Notre garde continue, mais nostre chapelle n'en
est pas moins fréquentée, grâces à Dieu. »

Ne pouvant écrire au pape, auquel le roi ne voulait
pas qu'il s'adressât directement, pour lui faire connaître l'heureuse nouvelle de la restauration de la
messe dans Genève, Chauvigny en avait, avec la
permission du secrétaire d'État, informé le duc d'Estrées, ambassadeur de France à Rome, et il prit sur
lui d'en donner également connaissance aux envoyés
du roi à Soleure et à Turin. Il s'en excuse auprès du
ministre par la raison suivante : « Comme toutes ces
choses sont aujourd'huy publicques et portées par
toute l'Europe par les lettres de tous les correspon-
dans de cette ville, j'ay creu, Mgr, que je pouvois en
user ainsy sans brescher le moins du monde aux
ordres positives et réitérées qu'il vous plaist de me
donner de n'escrire à d'autres qu'à Vostre Grandeur
les choses qui regardent mon employ, que j'exécu-
teray avec toute la ponctualité que j'y dois. » Il est
probable que, si Chauvigny s'était toujours souvenu
qu'il devait être avant tout l'homme du roi, il aurait
mieux réussi à satisfaire son maître et à conserver
son « employ. »

On ne lui aurait adressé à cet égard aucune
espèce de reproche, s'il s'était contenté, au lieu
de se faire de plus en plus le chargé d'affaires de
l'Église, d'adresser à sa cour des informations du
genre de celles qu'il lui donnait sur le gouvernement
auprès duquel il était accrédité. « Notre sindiquat, »
disait-il, « doit changer au premier dimanche de
l'année prochaine Le premier sindicq sera le sieur
Baudichon [Gabriel de la Maisonneuve], que l'on
m'a faict un homme fort peu entendu, néantmoins
très opiniastre dans ses résolutions et emporté; auquel pour ceste raison l'on a donné le surnom de
Teste de fer. J'ay remarqué, dans l'histoire, que plusieurs de ce nom ont eu part aux affaires de cette
ville et quasy tous d'un mesme temperament. Le
second [Étienne Rocca], d'un si médiocre génie, qu'il
va mesme jusques à la stupidité. Le troisième [Ga-
briel Butini], assés d'esprit, avec la réputation
d'homme d'honneur, mais si défiguré qu'on ne
l'expose guère dans les négociations. Le dernier
[Michel Trembley], qui est le quatrième, homme
habile, qui sçait le monde, avec un extérieur d'accortise qu'ils n'estiment pas parmy eux, particulièrement
les républicains, qui demandent de la sévérité et de
l'austérité dans le publicq. Car, Monseigneur, Vostre Grandeur me permettra de luy dire que cette ville

est composée de quatre partis : du François, du Savoyard, du Bernois et du Républicain. Mais tous, aujourd'huy esgalement consternez, et dans des inquiétudes que leur donne l'incertitude de la résolution qu'il plaira à S. M. de prendre; ce qui authorise la liberté que je prens de l'asseurer que *je ne doute pas qu'Elle ne fasse icy tout ce qui luy plaira.* »

Ceci était écrit le 19 décembre, l'avant-veille du jour où arrivèrent à Genève les lettres du roi et de Colbert, qui, comme nous l'avons vu plus haut, étaient de nature à dissiper « la consternation et les inquiétudes, » dont parle Chauvigny, et que sa conduite même avait fait naître et prévaloir chez le magistrat et chez le peuple. A la réception de ces lettres, le résident écrivait, le 22 décembre: « Les ordres du roi feront icy un merveilleux effect, pour leur donner une plus grande vénération pour tout ce qui leur viendra de la part de Sa Majesté..... Voilà tout apaisé, grâces à Dieu et à la clémence du roy; ce qui entretiendra ces peuples dans une plus respectueuse obéissance et dans une déférence aveugle pour ce qu'ils connaistront qu'il souhaitera d'eux. »

Le résident avait raison quand il parlait de l'omnipotence de Louis XIV et des sentiments de soumission presque absolue qu'éprouvaient envers lui tous les citoyens genevois, à commencer par les membres du gouvernement. Ceux-ci ne manquaient pas une occasion de les exprimer surabondamment. On savait bien que « le roy pouvoit faire tout ce qui luy plaira, » et que, de sa pure volonté, dépendait l'existence de la république. L'attentat politique, dont la ville libre de Strasbourg fut victime deux ans plus tard de la part du monarque français, fit assez voir ce que Genève aurait pu craindre de son ambition, ou de son mauvais vouloir. Mais, tout en s'efforçant de ne rien perdre dans les bonnes grâces du grand roi, la microscopique république cherchait à défendre ce qui était à ses yeux la raison même de son existence, ce qui faisait tout le lustre de son nom et tout le prix de sa liberté, nous voulons dire les institutions et les croyances religieuses dont el'e était le foyer et le refuge. Les regardant comme menacées par la manière dont le résident comprenait et exécutait les ordres de son maître, elle puisait, dans le sentiment de ce péril suprême, le courage de protester auprès du monarque contre ce qui passait pour être l'expression de sa volonté.

Heureusement pour la république, que, si Louis XIV pouvait, en effet, faire à Genève tout ce qui lui plaisait, dans ce moment où aucune opposition ne tenait en Europe sa puissance en échec, il ne lui plaisait pas de dépasser une certaine limite, et que, s'il était résolu à faire observer en sa faveur les règles du droit des

gens, il n'était pas moins décidé à respecter les prérogatives souveraines du chétif État, qui était après
tout, en droit comme en fait, un État indépendant.
C'est ce que Chauvigny, qui tenait un gouvernement
républicain en fort petite estime et qui nourrissait
contre un gouvernement hérétique une incurable
antipathie, avait beaucoup de peine à comprendre.

Il regardait les Genevois, ainsi qu'il le disait lui-
même, comme des « *sujets volontaires* » du roi de France,
et leurs magistrats comme des vassaux qui devaient
toujours demeurer, envers le grand monarque, « dans
les termes du devoir, du respect et de l'*obéissance.* »
Il en résultait qu'à ses yeux Genève ne possédait pas
la pleine jouissance des droits de souveraineté qui
sont l'apanage de l'autonomie politique, et qu'en particulier, pour tout ce qui concernait l'exercice du culte
catholique romain, il lui était interdit de prendre dans
son intérieur aucune précaution. Louis XIV voyait
les choses d'un autre point de vue, et il lui écrivait à ce
sujet, le 22 décembre, de St-Germain[1] :

« Monsieur de Chauvigny, Pour réponse à vos
lettres des 8, 12 et 15 de ce mois, vous devés estre
assuré que le gouvernement de la ville de Genève
n'entreprendra rien contre le caractère dont je vous

---

[1] N° 14 du recueil cité p. 43. Cette lettre n'est pas placée dans le dossier à son
rang chronologique.

ay revestu. Mon intention est que vous ayés la liberté entière de faire dire la messe dans votre maison, et que vous donniés cette liberté entière à toutes personnes d'y venir; *mais vous ne devés pas aussy empescher que la ville n'exerce la justice qu'elle a sur ses habitans, soit pour les empescher d'y aller, soit pour les punir en cas qu'ils y aillent,* pourveu que ce qu'elle fera en cela ne regarde pas l'immunité de votre maison et de votre personne. A l'égard des religieux qui sont chés vous, soit pour y dire la messe, soit pour d'autres actions de piété, votre caractère ne peut pas aussy les garentir *de ce que la ville pourroit faire contr'eux. Au surplus, ne pensés à autre chose qu'à vous bien acquiter de l'employ que je vous ay donné et à bien exécuter tous les points de votre instruction.* Sur ce, etc. »

Le roi de France, qui éprouvait tant de difficulté à faire prévaloir chez son délégué la raison d'État sur le zèle religieux et à le renfermer dans les bornes de son mandat, tenait ici le même langage dont il s'était servi, peu auparavant, pour repousser les instances du pape, qui le pressait d'intervenir auprès du roi d'Angleterre, afin d'obtenir de lui que l'exercice du culte catholique ne fût pas interdit, sous des peines sévères, sur le sol de la Grande-Bretagne. Envers Charles II, comme envers Genève, ce qui sert à Louis XIV de règle de conduite, c'est le respect de la souveraineté (royale ou républicaine peu importe), qui pour lui était un principe placé au-dessus de tout, y compris les prétentions de son Église[1].

C'est parce qu'il voulait être maître absolu chez lui, qu'il se refusait à empêcher les autres de l'être aussi chez eux. De même qu'il avait, dans sa lettre au résident, reconnu au gouvernement genevois le droit de s'opposer, dans les limites de sa libre juridiction, à tout acte de catholicisme, de même il avait écrit à son ambassadeur à Rome, au sujet de la requête du pape, le 8 janvier 1677 :

« Le nonce m'a témoigné que Sa Sainteté avoit appris avec douleur les peines qui avoient été imposées depuis peu en Angleterre contre les prêtres anglais qui célébreroient la messe, ou contre les particuliers qui y assisteroient. Il m'a fait voir que S. S. désiroit de moy mes offices pour faire révoquer ces défenses, et que je conservasse les immunités des ambassadeurs, qui conservent encore quelque assistance et quelque consolation aux catholiques qui sont dans ce royaume. Pour ce dernier j'ai fait connoître

---

[1] Il l'a dit lui-même en termes irréfragables, à propos de l'intervention du pape en faveur d'un cardinal français : « Je suis maître absolu de tous mes sujets, tant *ecclésiastiques* que laïques, et personne, *sans distinction*, n'a droit de se mêler de ce que je juge à propos de leur ordonner. » Lettre au duc d'Estrées à Rome, du 27 septembre 1685. Voyez « Le pape Innocent XI et la révocation de l'édit de Nantes, par Ch. Gérin, » dans la Revue des questions historiques, octobre 1878, p. 407.

au nonce que l'immunité de mon ambassadeur étoit toujours *telle qu'elle devoit être, et que j'étois très fâché de ne pouvoir rien en faveur des sujets du roy de la Grande-Bretagne, auxquels ce prince est maître d'imposer les lois qu'il luy plait*[1]. »

Louis XIV laissait le monarque anglais et le gouvernement genevois libres d'agir, à leur gré et à leur guise, envers les catholiques de leur ressort, pour en faire autant, de son côté, à l'égard de ses sujets protestants. Mais cette politique, dont Chauvigny devait s'inspirer, il la tenait cachée à « Messieurs de Genève, » et ceux-ci ne pouvaient compter, pour être mis exactement au courant des intentions du roi, que sur les communications qui leur seraient faites par le mandataire qu'ils avaient député auprès de lui.

[1] Voyez ibid. la Revue des questions historiques, p. 384.

CHAPITRE VI

Dès qu'on eut appris à Genève que Barthélemy Lect
avait reçu de Colbert, dans leur première entrevue,
un favorable accueil, et que l'affaire, qui avait donné
lieu aux plaintes de Chauvigny, avait été heureusement terminée, le Conseil avait chargé son député
d'aborder, auprès du roi et de son ministre, la question
de l'exercice du culte catholique dans la chapelle de
la résidence.

Avant de donner suite à cette instruction, Lect
consulta « diverses personnes de qualité et d'affaires, »
« toutes, » dit-il, « bien intentionnées pour cet Estat et
pour la Religion, » qui s'accordèrent, pour la plupart,
à lui dire que la chance d'obtenir que ce culte fût
limité aux seuls membres de la famille et de la maison du résident était à peu près nulle, et que, si le roi
voulait consentir à ce que tout ce qui n'était pas

8

sujet français en fût exclus, c'était le *nec plus ultra* des concessions que Lect pouvait espérer.

Celui-ci en avisa immédiatement le Conseil, que cette communication jeta dans une grande perplexité, et auquel elle inspira la résolution d'envoyer à son représentant l'ordre de suspendre toute démarche auprès de Colbert. Mais, comme l'échange des lettres de Paris à Genève et de Genève à Paris prenait environ quinze jours, Lect, obéissant à ses premières instructions, avait, durant cet intervalle, sollicité et obtenu une nouvelle audience ministérielle pour le 26 décembre. Il en rendit lui-même compte au Conseil, trois jours après, dans une dépêche qui, reproduisant l'entretien « presque de mot à mot, » comme il le dit lui-même, permet de mettre en scène les deux interlocuteurs :

Lect : « Monseigneur, j'ai reçeu de nouveaux ordres de Messieurs de Genève de faire de très humbles remonstrances à Sa Majesté et à Vostre Grandeur, sur le sujet de la chapelle de M. le Résident. Je dois vous dire qu'il la tient ouverte et publique, indifféremment pour toutes sortes de personnes, de quelle qualité et nation qu'elles soient. Aussi, Messeigneurs luy ont-ils fait remonstrer qu'il exposoit la seureté de nostre Estat, et l'ont-ils prié de restreindre cet usage à sa personne et domestiques, suivant le droit des gens et ce qui se pratique en tous les Estats du monde. Mais il n'a pas laissé de continuer, et il a mesme affecté d'y attirer le plus de gens qu'il pouvoit, et principalement de nos voisins *les sujets de S. A. de Savoye.* » — COLBERT (interrompant d'un ton de voix assez haut) : « Messieurs de Genève sont-ils donc plus délicats que le roi d'Angleterre et Messieurs des Estats de Hollande, qui donnent cette liberté tout entière aux ambassadeurs de Sa Majesté? » — LECT : « Je prie Vostre Grandeur de considérer la différence qu'il y a de ces grandes puissances, à un petit Estat comme le nostre, qui ne possède que cette seule ville, et de réfléchir que ces assemblées de gens vont directement contre la seureté de la dite ville, ce qui n'est pas à craindre ailleurs. » — COLBERT : « Mais, est-ce que vous ne pouvez pas prendre vous-mêmes des précautions à l'entrée de vostre ville, et sçavoir quels sont ceux qui entrent et le nombre qu'il y en a? » — LECT : « A la vérité nous le pouvons faire pour les étrangers en passage, mais nous ne pouvons les prendre pour *nos voisins de Savoye,* qui, les dimanche et jours de marché, arrivent en foule. Que Vostre Grandeur daigne comprendre qu'il leur est facile, sous prétexte de faire leurs dévotions, de se rendre chez M. le Résident, et de là faire irruption dans le reste de la ville, surtout dans le temps où nous assistons nous-mêmes, dans

nos temples, au service divin. L'hôtel de M. le Résident est un lieu fermé, dans lequel nos magistrats
ne peuvent faire aucune enquête. » — COLBERT : « Cer-
tes, vous faites bien; vous ne pouvez en effet faire
aucune enquête sur ce qui se passe dans la maison
du roy. » — LECT : « Vostre Grandeur doit être persuadée que nous ne nous écarterons jamais de ce
respect; mais c'est là ce qui nous donne des appréhensions que, sous ce couvert, on ne puisse surprendre
l'Estat, en abusant de la bonne foy de M. le Résident.
Il n'est pas besoin de rappeler à Vostre Grandeur
quelles sont les mesures que nous avons à garder
*avec les sujets de S. A. de Savoye, et la défiance où
nous devons estre* quand nous les voyons quitter
leurs paroisses pour venir à la chapelle de M. le Résident, par une espèce de bravade et d'insulte contre
nous. » — COLBERT : « Hé quoi? Seroit-ce de la
dignité du roy de ne recevoir pas tous ceux qui se
présentent, et qu'il fallust les interroger pour sçavoir
de quelle nation ils sont, pour en faire la distinction? »
— LECT : « J'ose supplier Vostre Grandeur de considérer que si cette entrée publicque est permise,
nous ne pouvons pas nous garder contre une attaque
intérieure. Nous avons mesme présentement dans
nos prisons un individu convaincu d'avoir formé ce
dessein contre nostre Estat. Il ne luy a manqué pour

l'exécution que de pouvoir glisser dans la ville des gens de main. Ce moyen sera tout trouvé, s'il est loisible d'user du prétexte de venir faire ses dévotions chez M. le Résident. » — COLBERT : « Ne pouvez-vous pas y aviser, et vous garantir? » — LECT : « Monseigneur, cela nous est presque impossible. Ces assemblées grossissent tous les jours et nous menacent de plus en plus. Notre principale garde gît en la protection de Sa Majesté; nous n'avons qu'une foible garnison, qui ne pourroit nous défendre contre une insulte du dedans. » — COLBERT (après un moment de silence): « Voilà, Monsieur, des raisons bien étudiées; j'en feray un rapport au roy. » — LECT : « J'ay dit, Monseigneur, l'estat des choses, sur lesquelles je supplie Vostre Grandeur de faire réflection. Nous ne demandons rien, sinon qu'il plaise à Sa Majesté de pourvoir à nostre seureté, puisque nous avons l'honneur d'estre sous sa protection. Puis-je espérer, Monseigneur, que je seray admis à faire de bouche des représentations à Sa Majesté sur ce sujet? » — COLBERT : « J'en parleray au roy. »

Là-dessus Lect, après avoir remis, avec des lettres adressées par la Seigneurie à Louis XIV et au ministre, « un mémoire ou placet, » qui contenoit les plus fortes raisons que pussent alléguer Messieurs de Genève, prit congé de Colbert. Il ressentit, en le quittant, un soulagement analogue à celui que l'on éprouve quand on se redresse après avoir été longtemps courbé. « M. de Colbert, » dit-il, « m'avoit parlé presque toujours d'un ton fort haut, et qui, pour dire le vrai, m'estonnoit un peu, m'estant rarement arrivé de parler à des gens d'une dignité si relevée et de grand caractère; il y faut bien de la fermeté et de la présence d'esprit. » Puis il ajoute : « Je loue Dieu qui m'a fait la grâce de me conserver, dans cette occasion, tout autant, et beaucoup au delà de ce que je pouvois me promettre, de mon peu de bon sens et de ma mémoire; mais il faut croire que, lorsqu'il s'agit de la gloire de Dieu, il nous met dans la bouche ce que nous avons à dire, quand nous nous présentons devant les grands de la terre. »

Quoiqu'il n'eût fait valoir auprès du ministre, dans ses « raisons bien étudiées, » que des motifs d'un caractère purement politique et tirés des dangers dont serait menacée Genève, Lect identifiait tellement l'indépendance de sa ville natale avec les destinées de la religion protestante, qu'il ne doutait point que les promesses faites aux apôtres, pour la propagation de l'Évangile, n'eussent aussi reçu en sa faveur leur accomplissement. A ses yeux « *la gloire de Dieu* » et les intérêts de Genève et de la réforme ne faisaient qu'un; de même que, de son côté, Chauvigny confondait cette

« *gloire de Dieu* » avec le triomphe du catholicisme chez les huguenots genevois. La persuasion de chacun d'eux était sincère, mais on nous permettra de penser que le citoyen qui défendait la liberté, bien ou mal comprise, de sa religion et de sa patrie, remplissait une tâche préférable à celle de l'étranger qui, sous le manteau de la diplomatie, mais contre les ordres de son roi, se faisait l'instrument d'un parti religieux, chez lequel la sainteté du but étouffait les scrupules sur l'emploi des moyens.

Mais, quelle que fût sa confiance dans l'assistance divine, Lect, en sortant de l'audience de Colbert, ne se repaissait pas d'illusions sur le résultat de cet entretien. Il prévenait le Conseil que, selon toute probabilité, le roi ne consentirait point à borner à un culte purement domestique l'exercice de la religion catholique chez son résident. C'était une première ligne de défense, où l'envoyé genevois avait combattu selon ses forces, mais qu'il fallait abandonner, pour se replier, sans beaucoup plus d'espoir de succès, sur la seconde position défensive, celle où l'on parviendrait, peut-être, à limiter aux seuls Français l'accès de la chapelle du représentant du roi.

Pendant que Lect attendait avec anxiété le moment où Colbert lui ferait part de la volonté de Louis XIV, l'autre député du Conseil, Jacques Franconis, avait accompli la mission dont il avait été chargé auprès des cantons protestants [1]. Les instructions de la Seigneurie portaient qu'il devait d'abord se rendre à Berne, « pour se mettre confédéralement et confidemment en communication avec Leurs Excellences, afin qu'Elles nous départissent leurs advis en cette cause commune et de dernière importance pour la subsistance de nostre Estat. » Il devait, en outre, si cela lui paraissait nécessaire, se transporter à Zurich, puis à Soleure auprès de l'ambassadeur du roi de France. On le chargeait de solliciter, le cas échéant, la convocation d'une Diète des cantons évangéliques, pour délibérer sur l'établissement public du culte catholique à Genève : « Vous vous souviendrés, » lui disait-on, « de faire cognoistre aux illustres cantons protestants les conséquences pernicieuses qui pourroient arriver à tous les Estats et Villes de nostre communion, si la religion catholique estoit introduite et exercée publiquement parmy nous (ce que Dieu ne veuille!), afin qu'ils revestent nos intérests à cet égard, comme les leurs propres. » On ne lui donnait d'ailleurs aucune direction précise sur les propositions qu'il pourrait présenter pour le choix et l'exécution

---

[1] Les pièces relatives à la mission de Franconis en Suisse se trouvent dans le n° 3672 des Portefeuilles historiques.

des mesures destinées à atteindre le résultat désiré.

Arrivé à Berne le (29 novembre), Franconis, après une visite à l'avoyer d'Erlach, eut une audience du petit Conseil, et fut renvoyé à une commission spéciale, chargée de conférer avec lui. Il exposa avec détails la position critique où se trouvait Genève, et demanda les avis et l'assistance de Messieurs de Berne, dans une circonstance aussi délicate. « On fut, » dit-il, « fort touché de nos disgrâces, mais le malheur semble de telle nature qu'ils ne sçavent, non plus que nous, comment s'y prendre pour y apporter quelque remède. » Ce n'était pas encourageant. On eut toutefois recours au moyen si souvent employé par les Suisses dans les conjonctures difficiles, et qu'avait suggéré Genève : la convocation d'une Diète. Berne invita ses confédérés évangéliques à se réunir à Aarau, et l'on conseilla à Franconis de se rendre, en attendant, à Zurich.

Il y trouva un aussi bon accueil qu'à Berne, mais il eut à répondre à cette double question : « Que voulez-vous de nous? Que comptez-vous faire vous-mêmes? » Ses instructions trop vagues ne lui permettaient pas de donner sur ces deux points les explications qu'on lui demandait. « Je vous conjure, » écrit-il le (8) décembre au Conseil, « de m'envoyer

des instructions *plus spécifiques;* mon noviciat en a
besoin. » Mais, comme il ne recevait point de réponse,
il convint avec Messieurs de Zurich que l'on propose-
rait à la Diète d'envoyer à Genève deux commissaires,
qui pourraient ensuite se rendre, s'ils le jugeaient
convenable, auprès de l'ambassadeur français à Soleure, ou même auprès des ministres du roi à St-Germain.

La Diète s'ouvrit à Aarau le (16) décembre. Tous
les cantons évangéliques et leurs alliés, sauf Neu-
châtel, y étaient représentés. Cet empressement témoignait du vif intérêt qu'ils ressentaient pour Genève
et de l'importance qu'ils attachaient à la question qui
se débattait chez elle. Avec les députés de Berne,
de Zurich, de Bâle et de Schaffhouse, se trouvaient
réunis ceux des Rhodes-Extérieures d'Appenzell, des
protestants de Glaris, des villes alliées de St-Gall,
Mulhouse et Bienne[1].

La position de Franconis en face de la Diète n'était
pas la même que celle de Lect en face de Colbert.
Tandis que celui-ci, comme nous venons de le voir,
avait dû s'abstenir, pour motiver ses demandes relatives à l'exercice de la messe à Genève, de toute
allusion au côté religieux du sujet, et s'était borné à

[1] Voyez Amtliche Sammlung der eidgenössischen Abschiede, B. VI, Abth. 1
S. 1111.

présenter des considérations, ou, pour mieux dire, des insinuations politiques sur le parti que l'ambition toujours menaçante de la maison de Savoie pourrait tirer, au détriment même de la France, de l'introduction du culte catholique dans Genève, — Franconis pouvait, au contraire, insister auprès de ses coreligionnaires suisses sur les funestes effets d'une innovation qui porterait atteinte, leur disait-il, « à *la pureté de la religion* que nous professons. » Il pouvait, en se plaçant, dans cette question, au point de vue de son temps, leur faire sentir que tolérer l'existence, côte à côte, de « l'Évangile et du papisme, » c'était ranger sur la même ligne la vérité et l'erreur, et par conséquent compromettre la vérité; ce dont toute l'Église réformée aurait à souffrir.

Il pouvait ajouter que, pour ce qui concernait plus particulièrement Genève, on devait s'attendre, si la pratique du catholicisme n'y etait pas renfermée dans les étroites limites d'une dévotion privée, à en voir disparaître la paix publique, déjà troublée par la conduite du résident. « Nous avions » disait Franconis aux membres de la Diète, « nous avions toujours appréhendé sa venue, et elle n'a eu, en effet, que de très fâcheuses suittes. » Faisant alors le tableau de ce qui s'était passé depuis l'arrivée de Chauvigny, il récapitulait, sous douze chefs différents, les griefs plus ou moins sérieux qu'on avait contre lui, et il concluait en sollicitant « les magnifiques et louables cantons de despartir à Messieurs de Genève leurs prudents conseils et leur favorable assistance. »

La Diète, mise en demeure d'aviser, ne crut pouvoir mieux faire que d'approuver les propositions qui avaient été arrêtées à Zurich d'accord avec Franconis. Mais celui-ci, craignant d'outrepasser ses pouvoirs, sur l'étendue desquels il ne recevait aucun éclaircissement, demanda que « la Diète suspendist *présentement* l'effect de sa bonne volonté; » ce qui fut adopté avec la faveur que tout ajournement est en général sûr de rencontrer quand il s'agit de sujets délicats, surtout s'il est sollicité par les intéressés. Franconis n'eut qu'à s'applaudir d'avoir pris, quoiqu'à contrecœur, cette résolution, car il reçut, au moment même de la clôture de l'assemblée, une lettre du Conseil qui lui enjoignait de tout arrêter, et, s'il ne pouvait empêcher la réunion de la Diète, de tâcher du moins qu'il ne fût fait aucune mention, dans le recès, de l'affaire de Genève.

Ce revirement tardif d'opinion s'expliquait, soit par l'heureuse issue de l'incident qu'avait eue le procès entamé sur les plaintes de Chauvigny, soit par la résolution que le Conseil avait prise d'envoyer à Lect l'ordre d'aborder auprès de Colbert la question de l'exercice du culte catholique chez le résident. On craignait, une fois qu'une négociation directe était engagée avec le cabinet français, que l'intervention des Suisses ne fût mal prise à St-Germain. On jugeait plus prudent de s'en remettre au gouvernement royal seul de la solution d'une question où son amour-propre pouvait être en jeu.

Aussi, en même temps que le Conseil blâmait Franconis d'avoir eu l'intention de demander l'envoi de commissaires de la Diète à Soleure et à St-Germain, et l'invitait à décliner l'assistance des « illustres cantons, » qu'il avait été naguère chargé de solliciter, — cet envoyé recevait l'ordre de se rendre auprès de l'ambassadeur de France pour le gagner aux intérêts de Genève. Franconis avait devancé cette injonction, et, d'accord avec les membres de la Diète, qui ne demandaient pas mieux que de voir diminuer leur responsabilité, il était venu d'Aarau à Soleure, pour « parler à M. l'ambassadeur et pressentir son opinion sur la conduitte que l'on devoit tenir. »

M. de Gravel était fort au courant de ce qui s'était passé à Genève, et, quoique le résident lui eût fait voir les choses « d'une manière un peu différente » de ce qu'elles étaient réellement, il se montra aussi bien disposé que possible : « On ne peut rien adjouster, » écrit Franconis, « à ce qu'il a dit et à ce qu'il

veut faire en faveur de nostre Estat. Il a desja escrit en Cour à ce sujet et il fera encore une recharge. »
Il est probable que c'est dans cette intervention de M. de Gravel qu'il faut chercher la principale cause du peu de faveur que les rapports de Chauvigny rencontraient auprès de Colbert, sans oublier qu'un agent nommé par M. de Pomponne n'était pas fait pour plaire au rival du ministre disgrâcié. Lect avait eu, de son côté, l'occasion de s'assurer de ce discrédit du résident, à la suite d'informations parfaitement certaines qu'il avait transmises lui-même à Colbert sur un point où Chauvigny avait inexactement renseigné son chef. « Il me donna assez à connaître, » dit Lect en parlant du ministre, « qu'il ne s'attendoit pas à une relation aussi éloignée de ce que lui avoit écrit M. de Chauvigny. Je ne doute pas que ce fait, avec bien d'autres qui sont aussi parvenus à ce grand ministre, n'opèreront pas trop en faveur du résident. »

CHAPITRE VII

MESURES PRISES A GENÈVE CONTRE LE CATHOLICISME

S'il ne jouissait pas des bonnes grâces de son supérieur, Chauvigny ne gagnait pas non plus celles du peuple au milieu duquel sa charge l'appelait à vivre. On avait pu croire, après la promesse qu'il avait faite d'apporter de la modération dans l'exercice de son culte, que tout irait mieux que par le passé. Mais cet espoir ne fut pas de longue durée. Loin de mettre quelque restriction à la fréquentation de sa chapelle, il en laissa l'entrée toujours plus accessible, et le jour de l'an l'affluence des auditeurs y fut plus considérable que l'on ne l'avait encore vue. Aussi y eut-il de « l'émotion dans la ville à cette occasion, » et la Compagnie des pasteurs crut-elle devoir attirer sur ces faits l'attention du Conseil. Les magistrats, tenant compte des observations du clergé, décidèrent de demander au résident des explications sur le peu d'exactitude qu'il apportait dans l'accomplissement de ses propres déclarations. Il se borna à répondre que le nombre des personnes qui avaient assisté chez lui à la messe n'avait pas été plus considérable qu'à l'ordinaire [1].

On arrêta, en outre, de placer devant son hôtel un *notable,* chargé, comme ceux qu'on avait établis aux portes de la ville, de prévenir les survenants que tout acte d'un culte autre que le culte réformé était formellement prohibé dans Genève. Le notable devait de plus tenir note des personnes qui entreraient chez le résident. On redoubla aussi de rigueur dans l'octroi des autorisations nécessaires pour loger des catholiques. On décida enfin de faire une publication officielle, par laquelle on défendrait aux étrangers, « à peine de châtiments exemplaires, de s'assembler sous prétexte de dévotion [2]. »

Mais, avant de mettre à exécution ces résolutions diverses, on en donna connaissance au résident, qui, se rappelant les instructions formelles du roi, répondit d'abord que « Messieurs de Genève estoient *souverains,* » et que, « pourveu qu'ils respectassent son caractère et sa maison, » ils pouvaient prendre les précautions qu'ils croiraient nécessaires pour la sûreté de leur ville. Mais, se ravisant bientôt, il revint sur cette dé-

---

[1] Registre du Conseil, (24 décembre 1679) 3 janvier 1680.
[2] Registre du Conseil des (24, 26 et 27 décembre 1679).

claration et soutint, au contraire, que le Conseil « s'exposeroit beaucoup s'il punissoit ceux qui iroient entendre la messe *comme le roy le veut.* » Quant aux notables, il les considérait comme des « espions, » apostés contre lui et contre ceux qui le venaient voir [1]. Il ne contestait pas le droit du Conseil d'adopter des mesures de police dans l'intérieur de la ville, mais il faisait ressortir, avec assez de finesse et non sans raison, tous les inconvénients et les dangers qu'entraînerait, dans la pratique, la difficulté de concilier la volonté du roi qui exigeait que sa chapelle fût ouverte à tous venants, et la faculté que revendiquait le Conseil d'empêcher, par des dispositions pénales, qu'il y vînt personne. Il y avait là, en effet, un dilemme dont la solution n'était pas facile.

Aussi les magistrats genevois, auxquels Chauvigny n'avait eu garde de communiquer la lettre si explicite du roi sur le droit qu'ils avaient de prendre contre les catholiques toutes les mesures de précaution qu'ils jugeraient convenables, les magistrats renoncèrent-ils à publier le décret qui édictait des peines contre ceux qui assisteraient à la messe. Ils s'en tinrent à la sévère surveillance des « papistes, » logés dans la ville, et à la consigne donnée aux notables d'aviser les gens qui

[1] Registre du Conseil du (29 décembre 1679) 8 janvier 1680.

venaient du dehors d'avoir à s'abstenir de tout acte de leur religion. Seulement il fallait que cette consigne fût appliquée avec discernement. C'est ce qui n'eut pas lieu. Le notable placé devant l'hôtel de Chauvigny en ayant refusé l'entrée à une personne qui disait avoir une lettre à remettre « à M. le Résident, » celui-ci s'en montra avec raison vivement froissé, déclarant, dans sa plainte, que « en Alger ou en Thunis on ne verroit rien de semblable [1]. » Le Conseil dut s'excuser et, sur la demande de Chauvigny, supprimer la sentinelle civile qu'il avait mise à sa porte. Il devait finir par faire de même pour les autres notables, dont les avertissements, privés de sanction, ne produisaient aucun effet.

Mais, si le Conseil reculait devant le châtiment des étrangers qui persistaient à venir faire leurs dévotions dans la chapelle du résident, il n'eût pas agi de même envers les nationaux qui auraient bravé les lois du pays en assistant au culte catholique. Le Consistoire n'était pas sans inquiétude sur ce sujet, et il avait exprimé au Conseil la crainte que « des personnes de la ville ne se rencontrassent aux *sermons* que prétend faire faire chez luy M. le Résident, lequel invite à y aller tous ceux qui lui rendent visite et ceux auxquels il en fait [2]. » Mais il ne paraît pas que ces appréhensions fussent fondées et que Chauvigny eût recruté,

---

[1] Registre du Conseil (1) janvier 1680.
[2] Registre du Consistoire du (4) décembre 1679.

pour les offices ou les sermons de l'Avent, beaucoup
d'auditeurs genevois. Un seul cas de ce genre est
signalé dans les registres du Conseil et du Consistoire,
et, comme il s'agit de l'un des citoyens les plus huppés
de Genève, ce n'est pas dans des ménagements de
personnes qu'il faut chercher l'explication de ce silence
des protocoles officiels.

Le coupable était Daniel Favre de Chateauvieux,
le correspondant du père LaChaise, qui, après avoir
témoigné « sa joie » de l'arrivée de Chauvigny, avait
noué avec lui des relations particulières. C'était très
probablement « l'homme de qualité de cette ville,
catholique dans l'âme, » dont le résident parle dans
ses lettres, comme lui donnant sur ce qui se passait
à Genève des informations dont il faisait son profit.
Daniel Favre possédait une fortune très considérable
qu'il administrait mal, de grands talents dont il n'avait
guère su tirer un bon parti, et une fort nombreuse
famille, dont il ne reste aucun descendant connu[1]. Fils
d'un père qui avait rempli avec distinction les premiers emplois de la république, et que ses grands biens
avaient fait surnommer « le riche, » il avait montré
une précocité si rare, que, fort avant l'âge légalement
requis, il avait revêtu les charges publiques, sans être

---

[1] Il avait été marié deux fois et avait eu dix-neuf enfants, auxquels les
« Notices généalogiques, » de J.-A. Galiffe ne donnent pas de successeurs.

parvenu toutefois à s'élever, plus tard, jusqu'aux rangs supérieurs de la magistrature.

D'un caractère indépendant, ou plutôt excentrique, il n'avait pas suivi l'ornière que sa position traçait devant lui, et il s'était mis en travers des opinions reçues dans la société où il vivait. Il en donna la preuve par la composition d'un pamphlet anonyme en vers, intitulé: *Genève impénitente,* qui circula en 1665, et qui renfermait une mordante critique de ses concitoyens. Ce libelle lui valut de la part du Conseil (qui réunissait, comme nous l'avons déjà vu, au pouvoir exécutif le pouvoir judiciaire) une punition sévère, pour avoir été écrit, dit la sentence, « contre l'honneur de l'État et de l'Église[1]. » Était-ce un esprit de malignité mondaine, ou d'austérité religieuse, qui avait inspiré cette production? C'est ce qu'il est difficile de dire, car les sentiments de l'auteur étaient alors dans un état de transformation, qu'un pasteur de ce temps-là décrit en ces termes: « Il y a près d'un an que M. de Chasteauvieux n'a point pris la Cène. Dernièrement, comme on luy demandoit pourquoy il n'alloit plus tant aux prières de M. de Labadie[2], il dit que cela ne s'accordoit pas avec l'amour

---

[1] Registre du Conseil, (3) janvier et (17) février 1665.

[2] Jésuite converti, devenu pasteur à Genève, où il exerça pendant quelque temps une grande influence par son zèle religieux et par ses prédications.

qu'il pratiquoit, et qu'il vouloit un peu laisser les prières à part[1]. »

Quoique la peine qu'il avait encourue pour sa diatribe eût été plus tard adoucie, de Chateauvieux n'était cependant pas, à l'époque qui nous occupe, en très bons termes avec le Conseil, car celui-ci venait, contre l'usage habituel, de repousser la requête qu'il lui avait présentée pour que « l'enfant, dont sa femme alloit accoucher, hors du territoire de la république, fût reconnu citoyen, si c'estoit un fils, comme s'il estoit né dans la ville[2]. » Dix ans plus tard il s'attira de nouveau le déplaisir de la Seigneurie, pour avoir, malgré les défenses qui lui avaient été faites, et au grand scandale de l'opinion, marié l'une de ses filles à un gentilhomme catholique[3]. La dernière mention qui soit faite de lui n'indique pas qu'il fût, avec l'âge, rentré dans une voie plus conforme à l'esprit qui régnait alors : « Daniel Favre de Chateauvieux emprisonné pour l'irrégularité de sa conduitte, ses impiétés et discours blasphématoires[4]. »

Il n'y avait rien d'étonnant à ce que ce personnage, mobile et fantasque, qui passait du mysticisme au libertinage d'esprit, poussé par l'impatience du joug

---

[1] Journal du pasteur Sarasin, février 1666.
[2] Registre du Conseil, (8) septembre 1679.
[3] Registre du Conseil,(3) et (4) juin 1689.
[4] Registre du Conseil, (3) et (23) octobre, (8) décembre 1691.

calviniste et par son goût naturel d'opposition, sans parler de son penchant pour le catholicisme, se fût donné la satisfaction d'entendre, « avec son fils le seigneur de Confignon, » un sermon de Noël chez le résident. C'était une de ces prédications dont Chauvigny avait parlé comme devant être faites, dans sa chapelle, par les jésuites d'Ornex, à l'époque des fêtes. Mandé devant le Conseil et devant le Consistoire, de Chateauvieux expliqua qu'ayant été dîner chez le résident, il n'avait pas pu refuser de le suivre dans sa chapelle pour y entendre son prédicateur. Il se déclara prêt, du reste, à reconnaitre sa faute, avec une componction qui semble quelque peu ironique, et il se soumit aux censures qui lui furent adressées, « en raison, » dit le registre, « du mauvais exemple et des conséquences d'un scandale, tel que d'avoir esté entendre en cette ville un sermon papistique[1]. »

Mais le seigneur de Chateauvieux était, sur ce point, comme sur la plupart des autres, une exception, et « le mauvais exemple » qu'il avait donné ne fut pas suivi. Quoiqu'il n'y eût pas lieu de craindre, par con-

---

[1] Registre du Consistoire, (1) janvier 1680 : « A comparu Noble Daniel Favre, pour avoir esté au sermon de M. le Résident, ce qu'il a advoué par une pure curiosité et imprudence, pour n'avoir bien considéré, comme il debvoit, l'importance de cette faute, et partant, supplie de le vouloir pardonner ce manquement et le supporter, recognoissant, avec bien du desplaisir, la faute qu'il a commise et de laquelle M. le premier syndic le censura fort, luy estant allé dire. » Registre du Conseil, (19) décembre 1679 et (7) janvier 1680.

séquent, que des défections se produisissent dans le
sein même du troupeau protestant, et que l'on n'eût
aucun motif particulier de croire que l'influence catholique opérerait des conversions, on ne pensa cependant
pas qu'il suffisait de s'en tenir à des moyens de défense purement extérieurs et à la simple sécurité
matérielle de la ville. La Compagnie des pasteurs,
préoccupée de la question religieuse proprement dite,
et de la nécessité d'affermir les âmes dans la foi réformée, la Compagnie s'inquiétait surtout des populations qui habitaient les campagnes et qui étaient, bien
plus que celle de la ville, en contact constant et immédiat avec les adhérents de l'Église romaine. Les
pasteurs « des champs, » furent donc invités à redoubler
d'ardeur « pour instruire et affermir leurs troupeaux
contre les discours et les insultes qui leur sont faites,
en ces tems fascheux, par les papistes du voisinage;
leur adressant ces exhortations, non seulement en
chaire par leurs prédications, mais surtout en particulier par les conversations[1]. »

D'autre part, la controverse ne manquait pas, on le
comprend, de défrayer les chaires de la ville, et ce
goût du temps était singulièrement ranimé par l'état
aigu où l'antagonisme religieux était alors parvenu
dans Genève. Ce n'étaient plus seulement des idées

---

[1] Registre de la Compagnie, (5) décembre 1679.

qui étaient en jeu, mais ces idées avaient revêtu la forme palpable d'un résident, d'une chapelle, d'un culte, ce qui les faisait passer du domaine de la discussion pure dans celui de la réalité sensible, et, en frappant les yeux et les oreilles, ouvrait à plus larges battants les portes de l'esprit. Aussi l'opinion publique était-elle plus opposée que jamais, dans Genève, aux doctrines et aux pratiques du catholicisme.

Mais, à côté de l'opinion, il y avait les intérêts, et, si l'on ne devait pas craindre que la première se laissât séduire par l'attrait du culte romain, on pouvait se scandaliser de ce que les seconds trouvaient leur profit à le servir. Il existait à Genève des marchands d'objets d'Église destinés aux cérémonies catholiques, et des boutiques où l'on venait du dehors se pourvoir de cierges, d'encens, d'offrandes diverses, surtout à l'époque des fêtes. Ce trafic avait pris, aux yeux des corps ecclésiastiques, depuis que la messe était établie dans Genève, un caractère particulier de gravité. Il semblait former le complément naturel des offices religieux, et comme une succursale, de la chapelle du résident; on se rendait ainsi coupable de connivence avec « la superstition. »

Aussi trouve-t-on, dans les registres du Consistoire et de la Compagnie, l'expression du déplaisir que leur causait ce mercantilisme inconvenant: « A esté représenté que, comme la feste qu'ils appellent la Chandeleur approche, il faudroit empescher la débite des cierges en ceste ville [1]. » Et ailleurs : « Monsieur le professeur Turrettin a rapporté qu'aïant parlé à M. le premier sindic des cierges et *autres instruments d'idolatrie*, que plusieurs de nos marchans exposent en vente, il luy a respondu qu'il faloit que Messieurs les pasteurs en parlassent aux particuliers, pour les dissuader d'en vendre [2]. »

Si le gouvernement refusait d'envisager comme un négoce illégal, et de réprimer, par mesure de police, un commerce qui avait pour lui la tolérance et l'usage, il s'inquiétait davantage des conséquences que pouvait entraîner la controverse publique à laquelle se livraient les prédicateurs. Aussi insistait-il auprès des membres du clergé pour que, tout en demeurant les fidèles défenseurs du pur Évangile, ils « ne se servissent, en preschant, d'aucuns termes qui puissent estre mal interprétés, *veu les circonstances du tems*, et que, sans renoncer à la controverse, ils la fissent avec prudence et sans invectives [3]. » Il importait, d'une part, de ne pas exciter le peuple plus qu'il ne l'était déjà, et, d'autre part, de ne pas fournir au résident, qui épiait et épluchait les paroles des prédicateurs, un prétexte pour desservir Genève auprès du roi.

[1] Registre du Consistoire. (1) janvier 1680.
[2] Registre de la Compagnie. (9) janvier 1680.
[3] Registre de la Compagnie du (19) décembre 1679.

Chauvigny suivait assidûment, en effet, les sermons prêchés dans les temples de Genève, et, comme il aimait à rencontrer des occasions de discussion et de polémique, il profitait volontiers de celles que ne pouvaient manquer de lui offrir des discours qui roulaient en grande partie sur les matières religieuses contestées entre les deux Églises. Mais il n'était pas si profondément versé lui-même dans la connaissance de ce difficile sujet, qu'il ne se sentît parfois plus ou moins troublé, dans ses propres convictions, par l'argumentation des prédicateurs. On raconte[1] que certains membres du clergé catholique s'en inquiétaient et l'invitaient à ne pas assister « si souvent à des presches de controverse, qui ne devoient être pour luy que choquants et offensants. » Ils allaient même jusques à lui parler du « danger qu'il couroit de se laisser surprendre, » et lui-même disait que, « quelquefois, quand il entendoit prescher, il ne sçavoit où il en estoit, et qu'il prioit Dieu, avant d'aller au temple, de ne pas se laisser gagner. » On verra plus loin comment son goût de controverse lui joua un mauvais tour.

Mais il faut, pour le moment, en revenir au député du Conseil, qui se trouvait engagé à la cour de France dans une négociation, dont ses commettants semblaient avoir pris à tâche d'accroître les difficultés.

[1] *Journal du pasteur Sarasin du (24) mars 1680.*

CHAPITRE VIII

Sans trop se bercer d'espérances fallacieuses, Lect
attendait, avec une impatience facile à comprendre,
qu'il plût au roi de répondre aux demandes qu'il
avait présentées, et que Colbert s'était engagé à soumettre à Sa Majesté. Il cherchait toutefois à voir les
choses du bon côté, et il se flattait que les circonstances
conspiraient en sa faveur. « La Cour est fort gaye, »
écrivait-il le 1ᵉʳ janvier 1680, « et de bonne humeur,
et M. Colbert est fort content. Si, *dans ce temps*, me
dit-on, on n'obtient rien, il ne faut jamais espérer le
pouvoir faire. »

Cette allégresse de la cour de France, au début de
l'année 1680, trouve sa confirmation et son explication dans les lettres de Madᵉ de Sévigné, qui écrivait
à sa fille : « La Cour est toute réjouie du mariage de
M. le prince de Conti [neveu du grand Condé] avec

Mlle de Blois [fille du roi et de Mlle de la Vallière]. Ce mariage plaît aux yeux. Le roi s'est fait grand jeu de leur inclination... Il marie sa fille, non comme *la sienne*, mais comme celle de la reine, qu'il marieroit au roi d'Espagne. Il lui donne cinq cent mille écus d'or..... Le roi fait des libéralités immenses; il peut arriver qu'en faisant sa cour on se trouve sous ce qu'il jette[1]. » Voilà pour la gaieté de la cour; quant au « contentement de M. Colbert, » il venait sans doute (pour ne point parler de son récent triomphe sur Pomponne et Louvois) de ce que sa femme, étant gouvernante de cette fille bien-aimée du roi, devait, plus que toute autre personne, se trouver sous la pluie des « libéralités. »

Cependant, malgré de si rassurants auspices, Lect était bien loin de chanter victoire, et il ne voyait pas venir sans inquiétude l'audience où Colbert devait lui faire connaître la résolution du roi; « car, » disait-il, « *quand il est icy question de religion, il y a lieu de tout craindre.* » Il eut cette audience le premier jour de l'an. S'étant rendu à St-Germain, avec tout le corps diplomatique, pour présenter ses compliments de nouvelle année au grand ministre, celui-ci le retint pour l'informer de la volonté de Louis XIV. Disons tout de

---

[1] Lettres du 27 et 29 décembre 1679 et du 12 janvier 158.

suite que le ton de Colbert ne produisit point sur son interlocuteur la même impression qu'à leur première entrevue : « M. de Colbert a parlé très familièrement, d'un air doux et obligeant, et m'a escouté avec une grande patience. » Mais si, dans la forme de l'entretien, l'envoyé genevois put discerner le reflet de cette « gaieté de la Cour, » dont il s'était promis une heureuse influence, le fond du discours répondit moins favorablement à son attente.

« Le ministre m'a dit qu'il avoit parlé au roy, et que Sa Majesté ne pouvoit point mettre de limite, ni de restriction, à l'usage de la chapelle du résident ; qu'il y alloit de l'honneur et de la dignité du roy qu'elle fust ouverte indifféremment à toutes sortes de personnes ; que Sa Majesté s'estoit expliquée nettement là-dessus. Je lui repartis, » ajoute Lect, « que, puisque la volonté de S. M. estoit telle, je ne voyois point de moïens de nous garantir d'une insulte du dedans ; que la protection de Sa Majesté nous devenoit inutile, puisque asseurément nous restions exposés à un imminent péril. Il répliqua que la chose ne pouvoit estre autrement ; qu'il ne seroit pas de la dignité du roy de faire, en notre faveur, une exception à ce qui se pratique en Angleterre, en Hollande, et partout où Sa Majesté envoye des ambassadeurs ; que c'estoit le droit du roy, qui ne touchoit rien au nostre ; que nous pouvions prendre les précautions que nous croirions nécessaires pour nostre seureté.

« Je lui fis remarquer, » continue Lect, « que cette entière liberté, accordée par Sa Majesté pour l'accès de la chapelle, auroit pour effect de grossir les assemblées qui s'y font et que M. le Résident s'efforce de rendre tous les jours plus nombreuses; ce qui aura pour conséquence de nous exposer aux plus graves dangers... Il m'interrompit et me dit : « Le roy ne l'entend point ainsi; *il feroit couper la teste à son Résident s'il exposoit la seureté de vostre Estat*[1]. M. de Chauvigny sera informé des intentions de Sa Majesté, qui ne sont point d'exposer Genève à aucun danger. » M. Colbert me répéta, à plus d'une reprise, que nous devions estre asseurés de la protection et de la bienveillance du roy. »

Il fallait donc renoncer à l'idée de frapper d'interdit, pour l'accès à la chapelle catholique installée dans Genève, toute la catégorie d'auditeurs dont on croyait avoir à s'effrayer le plus, c'est-à-dire (comme Lect l'avait expliqué à Colbert dans sa première audience) « les sujets de Son Altesse de Savoye. »

---

[1] Les mots soulignés sont biffés dans la lettre originale, à la fin de laquelle on lit : « Je prie qu'on tienne dans le secret ce qui regarde les expressions fortes dont s'est servi M. de Colbert. » Puis, dans un second post-scriptum : « J'ay renvoyé quérir ma lettre et j'ai effacé ce que j'ay cru ne devoir pas estre, pour éviter tout risque. » Cependant on déchiffre, sans trop de difficulté, le passage effacé.

Cependant, après avoir plaidé ce moyen avec une ardeur où l'on retrouve comme une réminiscence de l'Escalade de 1602 et des tentatives subséquentes, l'envoyé genevois n'éprouva pas de son échec tout le chagrin qu'on aurait pu croire. La diversion qui prévint ce déplaisir fut due à un déplaisir plus grand encore, et elle arriva d'un côté d'où l'on ne devait pas l'attendre. Quatre jours après l'audience où Lect avait été entièrement débouté des fins de sa requête, il reçut de Genève une lettre du (19) 29 décembre, qui lui enjoignait, comme il le dit, « de surseoir toute poursuitte et d'attendre de nouveaux ordres, veu que l'extension du culte du Résident *à tous les sujets du roy* ne peut estre considérée que comme très préjudiciable et tout à fait contraire à l'intention du Conseil. »

Les magistrats genevois, qui ne se rendaient pas bien compte de la tâche ingrate et difficile qu'ils avaient imposée à leur député, et qui ne comprenaient pas que, dans des négociations de cet ordre, on apprécie mieux *ce qui est possible* de près que de loin, les magistrats, disons-nous, ne pouvaient pas prendre leur parti de ce qu'ils appelaient ses « expédients. » Ils aimaient mieux subir, s'il le fallait, la prépotence du roi, réglant à sa guise l'exercice du culte chez son résident, que de paraître consentir, par une transaction commune, à l'introduction dans Genève d'une « nouveauté con-

traire à la constitution de l'Estat. » Peut-être espé-
raient-ils dégager ainsi leur responsabilité envers leurs
concitoyens, et ne pas mériter le reproche d'avoir volontairement donné les mains à une extension du
culte catholique nuisible aux intérêts de la république. Mais ce retrait de leurs instructions précédentes équivalait, vu le point où l'affaire était alors
arrivée, à un desaveu de leur représentant, qui, non
seulement n'avait pas obtenu que l'entrée de la chapelle du résident fût refusée *aux sujets du roy*, comme
le prétendait le Conseil, mais qui, en outre, avait dû se
soumettre à ce qu'elle fût ouverte, sans aucune distinction de personnes, à tous ceux qui se présenteraient.

Ce désaveu de ses supérieurs et cet absolu désaccord entre eux et le gouvernement du roi firent naître
chez l'envoyé de Genève le plus vif désappointe-
ment. Il était surtout frappé du contraste qui existait
entre les prétentions du Conseil et ce qu'il était en
son pouvoir d'obtenir : « S'imagine-t-on, » lui écrit-il
le 5 janvier, « que le roy puisse recevoir en quelque
façon la loy de nous? Ceux qui connoissent cette
Cour et qui la voyent dans la splendeur où elle est,
et que toutes les puissances ployent dessous elle, jugeront bien qu'il faut avoir peu de connoissance des
affaires du monde, pour se flatter que le roy révo-
queroit directement un ordre qui est conforme à ce

qui se pratique en tous les lieux du monde, où, comme j'en suis informé ici de toutes parts, l'usage [des chapelles des représentants du roi] est indifféremment pour toutes personnes, sans distinction. Si, sur ce point, le roy a gardé l'honneur et la dignité qui luy est deüe, il ne faut pas perdre de vue que, pour notre seureté, il a fortement déclaré qu'il n'entendoit pas qu'elle fust exposée; qu'il feroit connoistre ses intentions à son Résident, et *qu'en outre il nous laissoit dans le plein exercice de nos droits souverains pour prendre nos précautions*. Je me flattois donc d'avoir négotié autant heureusement qu'on pouvoit raisonnablement se le promettre, et cependant je m'en trouve bien éloigné, si je dois ajouter foy à cette lettre de M. le secrétaire d'Estat Dupuy....

« J'ay pensé à demander une audience au roy, pour luy présenter directement les doléances du Conseil, mais tous nos amis m'ont fortement conseillé de n'en rien faire, car une démarche de ce genre risqueroit de tout perdre. Un de ceux qui connoissent un peu notre Estat adjoutoit que nous nous faisions bien souvent des fantômes de rien, que nous nous donnions à nous-mêmes bien des alarmes, et que nous étions souvent la propre cause de nos maux. Je n'ay donc plus rien à faire icy et je vais demander a M. Colbert mon audience de congé. »

Lect termine ainsi son apologie: « Je me suis un peu estendu pour justifier ma conduite; si V. S. estoient en estat de l'accuser d'un peu de précipitation, et s'il la faloit recommencer, je ne vois pas qu'il s'y falust prendre d'un autre biais, et que l'on pust se promettre de plus promptes et plus favorables audiences. Pour de mélieures raisons et plus fortement représentées, V. S. le pourroient attendre d'un autre sujet, mais de moy c'est au delà de ce que l'on s'en pouvoit promettre, et cela ne tient pas de ma faute, mais du choix que V. S. ont fait de ma personne. J'espère du moins que je m'y suis employé avec tout le zèle et l'application dont je suis capable; car, pour les événemens, ils ne sont pas de nous, ils sont de Dieu, qui a le cœur des roys en sa main pour les ployer, selon sa bonne volonté, en faveur des siens, ou pour les chastier.

« Je voudrois lever, s'il m'est possible, les appréhensions que V. S. peuvent avoir, lesquelles asseurément doivent estre dissipées, quand il leur aura pleu d'examiner cette négotiation et son succès avec un esprit détaché des sentiments qui nous flattent; considérant les justes proportions qu'il doit y avoir d'un petit Estat, comme le notre, à cette grande puissance qui se fait craindre et révérer par tous les grands Estats du monde. Il ne me reste, Magnifiques Seigneurs, que de faire des vœux pour V. S., à ce qu'il plaise à ce grand Dieu, dont la protection est au-dessus de toutes les puissances de la terre, de nous donner, dans ce renouveau, des nouvelles marques de son amour et de sa grâce, en dissipant les desseins de nos ennemis et nous conservant en paix. »

Avant que sa dernière lettre eût pu parvenir au Conseil, Lect reçut une nouvelle communication, qui lui était adressée par M. Le Fort, second secrétaire d'État, et qui portait la date du (23 décembre 1679) 2 janvier 1680. Elle confirmait la lettre précédente, « à laquelle Messieurs, » était-il dit, « demeurent de plus fort, nonobstant les sentiments des amis de Paris, » et elle engageait le député à tenter auprès du roi une nouvelle démarche pour le faire revenir sur sa décision. Lect, dont cette recharge accrut l'impatience, répondit très vivement à son correspondant (qu'il affectait de ne pas envisager comme l'organe officiel du gouvernement genevois) : « Je suis obligé de vous dire qu'il m'est impossible que je puisse rien comprendre aux ordres que je reçois. Après m'avoir invité, dans quatre lettres consécutives, à entamer et à suivre la négotiation avec M. Colbert, on m'enjoint, après que je l'ay poursuivie et conduitte à son terme, « de *la surseoir jusqu'à nouvel ordre,* parce que le résultat en est tout à fait contraire à l'intention de Messieurs, quels que soient les sentiments que peuvent avoir là-dessus nos amis de Paris. »

« Ainsi l'opinion du Conseil est, tantôt d'une manière, tantôt d'une autre. Pour moy, je ne puis négotier comme cela. J'ay fait tout ce qu'on pouvoit raisonnablement se promettre de moy; j'ay eu des audiences promptes et favorables; j'ay mis en avant toutes les raisons qui pouvoient plaider en faveur de nostre Estat. Mais il faut se désabuser de croire que l'on parle et que l'on traite, en teste à teste, avec M. Colbert ou avec le Roy. Ceux qui s'imaginent que j'ay *accordé,* par forme d'expédient, que les François seroient seuls admis [dans la chapelle du résident], doivent sçavoir que l'on ne nous fait pas cet honneur d'entrer avec nous en ces sortes de transactions qui se font de pair à pair. On se contente de nous dire: Le roy le veut ainsi. Il faut ployer, sans autre raison que la volonté d'un si grand roy, qui en réduit d'autres que nous à des termes bien moins favorables.

« Aussy cette audience, que l'on voudroit que je demande au roy, pour venir en recharge auprès de luy, ne nous attireroit que du mal. *Il ne faut pas s'entester de ce que l'on souhaitte;* il faut voir si on a du droit, et, quand on l'auroit, si on le peut soubstenir. Pour le droit, tous conviennent que nous n'en avons point, et que les usages diplomatiques sont partout contre nos prétentions. Pour notre pouvoir, je pense qu'il n'est pas besoin de le mettre en balance. Par où on peut juger si, par une recharge, nous obtiendrions quelque chose. Aussi n'en feray-je point, à moins que je ne reçoive, au lieu *des lettres particulières* que m'écrivent les secrétaires d'Estat, une lettre officielle, émanant de l'Estat mesme et scellée du sceau de la république. J'attendray encore cette lettre avant de reprendre le chemin de Genève. »

Lect écrivait au Conseil quelques jours plus tard, en termes un peu plus doux dans la forme, mais tout aussi péremptoires pour le fond : « Je suis retenu icy sans rien faire, à perdre du tems et de l'argent, en attendant les ordres de Vos Seigneuries. Je ne laisseray pas de les exécuter, s'ils m'enjoignent de faire une recharge auprès du roy; mais je leur confirme que je ne sçaurois pis faire pour le bien de nostre Estat, et que je gasteray tout ce que j'ay gagné, si je suis obligé à faire cette démarche en obéissant à Vos Seigneuries. Ayant esté receu, il y a deux ou trois jours, par M. de Colbert, je luy ay demandé de me procurer une audience de Sa Majesté, sans bien m'expliquer là-dessus, afin de l'employer suivant les ordres que je recevrois de V. S. S'ils sont conformes à ce que j'ay écrit, cette audience, que M. de Colbert m'a fait espérer, ne sera que pour prendre congé de

Sa Majesté et solliciter la continuation de sa bienveillance et de sa protection, dont M. de Colbert m'a plus d'une fois donné l'assurance; ce qui me fait croire que nous sommes bien en cette cour, et, si j'en dois juger ainsy sur ce que je vois, il en résulte que *nous prenons bien souvent mal à propos de fausses alarmes.* »

Cependant, la réponse que Lect attendait de Genève n'arrivant pas, il se résolut à prendre congé du roi, et il obtint de Sa Majesté une audience qui eut lieu à St-Germain le 22 janvier. Revenu le jour même à Paris, il y trouva (comme il advient d'ordinaire) la lettre qu'il s'était lassé d'attendre. Elle était, cette fois, de nature à lui donner une entière satisfaction, par l'approbation sans réserve qu'elle accordait à la manière dont il avait conduit et achevé sa négociation. Seulement on l'invitait à ne pas demander d'audience de congé au roi, sans doute par un reste de regret de n'avoir pas obtenu de Sa Majesté tout ce qu'on avait cru pouvoir se promettre. Mais, comme Lect n'était pas pour s'arrêter à ce genre de considérations, il ne regretta point que cette invitation lui fût parvenue trop tard.

Avec la même vigueur de raisonnement, mais sans les vivacités de langage des lettres précédentes, il justifiait sa dernière démarche par des motifs d'ordre

politique : « L'on a trouvé, » écrivait-il au Conseil,
« qu'il y avoit de la nécessité et de la bienséance
qu'un envoyé d'un *Estat souverain* se conservast toujours dans le droit de voir le roy. J'y trouvois moi-
mesme cette raison bien forte, que Sa Majesté ayant
déclaré, par la bouche de son premier ministre, qu'Elle
n'entendoit point que les assemblées, qui se faisoient
chez son résident pour la religion, exposassent la
seureté de nostre ville, et qu'*Elle nous laisseroit dans
le droit et la liberté de nous précautionner*, il estoit bon
de le dire, dans une audience, à Sa Majesté. Je l'ay
demandée, sans attendre la lettre de V. S. pour
sçavoir si Elles me commanderoient de faire une
recharge en la personne du roy. Je ne feins pas de
leur dire que, dans ce cas, je serois parti sans bruit
pour venir à Genève leur donner des informations,
faute desquelles pouvoit seulement estre prise une
résolution semblable, qui eust été notoirement très
préjudiciable à nostre Estat.

« J'ay donc eu ce matin l'honneur d'avoir mon
audience de congé de Sa Majesté. J'ay dit au roy ce
que j'ay indiqué ci-devant à V. S., en le priant de
nous continuer sa protection. S. M. m'a fait un très
favorable accueil et m'a prêté une grande attention.
Elle m'a répondu qu'à la vérité, Elle avoit esté mal
satisfaite de ce qui s'estoit passé à l'esgard de son

résident, mais qu'Elle avoit pourtant veu avec plaisir les soins que le magistrat avoit pris pour ce sujet. Lé roy a adjousté que ce n'estoit pas à nous de régler la manière dont nous voulions que son résident se comportât, et que nous devions nous contenter de sçavoir qu'il connoitroit ses intentions ; que, tant que nous luy donnerions des témoignages d'affection, il nous feroit aussi ressentir les effets de sa bienveillance, et qu'au surplus il s'en rapportoit à ce qui m'avoit esté dit de sa part. »

Lect ajoute : « L'on a été surpris que S. M. m'ayt fait l'honneur de me parler si longtemps, ce qu'Elle a fait d'une manière douce et aimable, qui est naturelle à ce grand monarque. » Cette « amabilité » (à laquelle les plus austères ne demeuraient pas insensibles), se manifesta d'ailleurs envers le député genevois par une invitation à la table du roi, où d'autres envoyés étrangers étaient aussi conviés, et par le cadeau d'une chaîne et d'une médaille en or, données en souvenir de l'audience royale dont Lect avait été honoré.

Il ne lui restait plus, avant de prendre le chemin de ses foyers, qu'à présenter à Colbert ses remercîments et ses adieux. Dans la dernière entrevue qu'il eut avec ce ministre, le 26 janvier, il fut informé par lui que Chauvigny avait fait parvenir à la cour de nouvelles plaintes sur ce qui se passait à Genève, puis avait envoyé, aussitôt après, l'avis que tout était arrangé entre lui et le Conseil. Lect, qui se proposait, d'après l'ordre de son gouvernement, de donner à Colbert des renseignements propres à l'éclairer sur les mauvais procédés de Chauvigny, eut la bouche fermée en apprenant le rétablissement de la paix entre le résident et Messieurs de Genève. Il devait, à son retour, savoir ce qu'il fallait penser de cette passagère réconciliation.

Sa mission était terminée, et, si le résultat était bien loin d'avoir répondu à son espoir et à celui de ses commettants, l'envoyé genevois rapportait néanmoins la conviction, à laquelle il avait fini par les amener eux-mêmes, que le roi de France, en exigeant la libre pratique du culte catholique dans la chapelle de son résident à Genève, ne nourrissait aucune secrète pensée d'agression contre la république et ne voulait pas davantage favoriser chez elle les conquêtes de l'Église romaine. Il ne s'agissait nullement de faire rentrer dans le giron du catholicisme la ville de Calvin, et de préparer ainsi la ruine de son indépendance nationale, mais d'assurer l'exercice d'un droit que sanctionnaient les usages diplomatiques, et auquel le roi attachait bien plus d'importance, pour des raisons de convenance politique, que pour des motifs de propagande religieuse. Quant aux dangers qu'une entente malicieuse entre la Savoye et le résident aurait pu faire courir à Genève, Louis XIV n'avait-il pas déclaré, par la bouche de Colbert, que Chauvigny paierait de sa tête un semblable complot?

Lect, en revenant à Genève, trouva donc les Conseils tout disposés à accueillir favorablement le rapport dans lequel il exposa la marche et les résultats de sa mission. Il reçut d'eux des témoignages de satisfaction qui étaient la juste récompense de ses efforts et de son dévouement, dans une œuvre condamnée d'avance à rester imparfaite. Après qu'il eut présenté son rapport au petit Conseil, le premier syndic lui dit, au nom de ses collègues, qu'on « avoit reconnu *la pointe et la sagacité de son esprit*, et qu'on approuvoit sa conduite[1]. »

Si des critiques se firent entendre, ce n'est pas contre lui, mais contre la manière dont le gouvernement avait influé sur les négociations, que ces critiques furent dirigées. Dans le Conseil des Soixante, qui avait précisément pour mandat de donner son avis sur les matières d'État, mais envers lequel les membres du pouvoir exécutif avaient gardé le plus absolu silence, on blâma les instructions divergentes

---

[1] Registre secret du 4 février 1680.

successivement données à Lect par le petit Conseil, et l'on se plaignit d'avoir été tenu dans l'ignorance, au lieu d'être consulté comme le voulaient l'usage et la loi. Le Conseil des Deux Cents loua la conduite du député, mais il fut dit que, « à l'advenir, on devoit estre plus circonspect sur des envoys de cette nature[1]. »

Toutes ces réserves n'ôtaient rien à la satisfaction légitime que Lect dut ressentir, et qui fut d'autant plus vive qu'il avait pu craindre d'en être privé. Son contentement eût été plus grand encore, s'il avait connu une lettre que le roi Louis XIV avait fait adresser à Chauvigny, et qui était parfaitement d'accord avec tout ce que lui-même avait écrit et avec tout ce qu'il avait pu dire à ses concitoyens. Cette lettre, datée du 5 janvier 1680, était ainsi conçue :

« Le sieur Lek [Lect], envoyé de la ville de Genève auprès de moy, a fort insisté sur le grand nombre de personnes des villages de Savoye et autres que vous receviez dans vostre chapelle, qui préjudicient à la seureté de la ville, et il a demandé, en conséquence, que vous vous contentassiez de vos domestiques. Je luy ay fait dire que je ne voulois restraindre la liberté et l'immunité de vostre maison pour quelque cause que ce soit, et que c'est à eux à pourvoir à la seu-

---

[1] Registre du Conseil, (3) janvier et registre secret du (6) février 1680.

reté de la ville, qui ne pouvoit jamais courre risque par ce moyen, et qu'*ils pourroient faire telles deffences qu'il leur sembleroit et exercer leur justice, hors de vostre maison.* Ce député m'a asseuré que tout ce que je désirois d'eux seroit ponctuellement exécuté.

« Et, à vostre égard, je désire que vous usiez de cette liberté *avec quelque sorte de retenue,* c'est-à-dire que vous vous contentiez de recevoir ceux qui se présentent, *sans y appeler personne, ny faire aucune démonstration publique.* Pour tous les bruits que l'on fait courre, je désire bien que vous me fassiez sçavoir ceux qui sont de quelque conséquence, *sans y prendre aucune part.* Sur ce...[1]

---

[1] N° 25 du recueil cité, p. 49.

CHAPITRE IX

La lettre du roi, que l'on vient de lire, indiquait au résident, avec une clarté qui ne laissait rien à désirer, ce qu'il pouvait prétendre et ce qu'il ne devait pas se permettre. Elle était entièrement conforme à ce que Lect, de son côté, avait appris aux magistrats genevois, et l'on connaissait, par conséquent, des deux parts, quelle conduite chacun avait à tenir, pour que Louis XIV n'eût pas à mettre le holà entre son représentant et ses « protégés. » Chauvigny saurait-il se contenir dans les limites où le renfermaient les ordres du roi et refréner son « zèle de catholicité? » Messieurs de Genève pourraient-ils rester les maîtres d'une population qu'exaspérait « la liberté de la messe? » C'est ce que l'avenir devait faire voir, et ce sont les péripéties de cet antagonisme qu'il nous reste à raconter.

Quand ils eurent appris la solution donnée d'en haut à la question qui les divisait, le résident et le

Conseil semblent avoir d'abord cherché à vivre en meilleure intelligence que par le passé. Chauvigny, profitant de la récente entrée en charge des nouveaux syndics élus pour l'année 1680, avait voulu nouer avec eux des relations plus cordiales qu'avec ceux du précédent quadrille.

« Au commencement de ce sindicat, » écrit le pasteur Sarasin dans son journal[1], « il arriva que M. le Résident alla voir tous Messieurs les sindics, qui luy rendirent aussy leurs visites, et leur ayant témoigné qu'il vouloit se ménager avec Messieurs de Genève, pour ne donner aucun sujet de plaintes, il ajouta qu'il avoit mesmes renvoyé trois capucins (comme il estoit vray) et d'autres personnes qui vouloient venir à la messe chez luy, et qu'il en useroit dans la suite de la mesme manière. Ces Messieurs luy témoignèrent aussy qu'on respondroit de mesme, et qu'il verroit qu'il n'auroit que tout sujet de satisfaction. La-dessus il escrivit à la cour que toutes choses estoyent réglées entre luy et Messieurs de Genève. »

Malheureusement ce bon accord ne fut pas de longue durée; ou plutôt, on dut bientôt reconnaître que, s'il existait entre les magistrats et le résident, il ne

---

[1] Au (1) mars 1680.

s'était point établi entre celui-ci et les citoyens. Le premier mois de la nouvelle année était à peine écoulé que Chauvigny écrivait à Colbert : « Comme on croit facilement les choses que l'on souhaitte, je m'estois flatté, ainsy que je me suis donné l'honneur de l'escrire à Vostre Grandeur, que nous n'aurions plus l'occasion de la fatiguer par de nouveaux chagrins, comme cela vient de nous arriver. »

Les « chagrins » dont parle ici Chauvigny n'étaient point le fait du Conseil, qui en fut probablement plus vexé que lui. Il s'agissait d'actes de violence commis contre des catholiques dans des rixes sur la voie publique; il s'agissait surtout de l'agression dirigée par un soldat de la garnison de Genève contre un paysan qui sortait de la messe du résident, et que le soudart avait frappé jusques au sang, en lui disant : « Va porter cela à ton prêtre. » Comme cet acte de brutalité avait eu lieu devant l'hôtel de la résidence, sur une partie de la rue que Chauvigny appelait ses « franchises, » il vit dans ce méfait une atteinte portée aux « immunités de sa maison. » Il recueillit chez lui le paysan blessé et refusa de laisser la justice genevoise procéder à son interrogatoire et recevoir sa plainte; ce qui eût été, selon lui, déroger aux privilèges diplomatiques d'un représentant du roi. Le Conseil s'était empressé d'ordonner l'arrestation du coupable, mais celui-ci s'était dérobé aux mains de la police, et Chauvigny, tout en reconnaissant la bonne volonté où étaient Messieurs de Genève de faire justice, ne dissimulait pas son mécontentement[1].

Il ne se plaignait pas seulement des mauvais traitements que des catholiques venaient de subir, il les attribuait à l'établissement aux portes de la ville de ces gens mis en faction pour « haranguer » les arrivants, et les prévenir que tout acte de dévotion étranger au culte réformé était formellement interdit dans Genève. Il signalait cette consigne et cette défense, comme ayant pour effet « de mettre les armes à la main de la population, » qui se persuadait facilement qu'il lui était permis de donner plus d'efficace à ces mesures, en maltraitant les catholiques. « Voilà, » dit-il aux commissaires du Conseil, « ce qui arrive tous les jours à l'égard des sujets de Sa Majesté et de ceux de M. de Savoye; insolentans les uns et battans les autres. Rome s'en offense; M. de Savoye s'en plaind; le roy en est indigné. Je vous engage donc, en bon amy, à faire ce que commandent une bonne prudence et une sage politique, en supprimant les donneurs d'avis que vous avez mis à vos portes[2]. »

Chauvigny ne disait pas tout ce qu'il pensait, lors-

[1] Registre du Conseil, (22) et (23) janvier 1680.
[2] Registre secret du Conseil. (27) janvier 1680.

qu'il attribuait aux mesures qu'avait prises le gouvernement de Genève, les violences commises par les
ressortissants de celui-ci. On voit, dans sa correspondance, que l'animosité des Genevois avait, selon
lui, une autre origine. « Ce nouvel esclat, » dit-il en
parlant des scènes qui venaient de se passer, « est peut-
être l'effect d'une lettre où le s^r Lect mande à ses
supérieurs qu'il a eu l'honneur de parler au Roy et
de prendre congé de Sa Majesté, qui l'a fait disner
avec les ambassadeurs à St-Germain, et a donné
permission à ceux de Genève de faire, dans cette ville,
tout ce qu'ils jugeront à propos. » D'après Chauvigny c'était donc au bon accueil et aux promesses
faites à Lect, qu'était due la présomption et l'insolence des Genevois. Le Conseil aurait pu répondre
que, dans ce cas, c'était au roi, et non pas à lui, qu'il
fallait s'en prendre.

Mais, pour bien montrer à Chauvigny le désir que
l'on avait de déférer à ce que ses demandes pouvaient avoir de raisonnable, on résolut de supprimer
les notables placés aux diverses entrées de la ville,
et le Conseil s'y décida avec d'autant moins de regrets,
que cette mesure de police, privée de toute sanction
pénale, était loin d'avoir produit l'effet qu'on en
attendait pour diminuer le nombre des auditeurs de
la messe. Le Conseil consentit de même (s'il faut en

croire Chauvigny, car le registre n'en parle pas),
à dispenser les aubergistes et les logeurs de l'obligation qu'il leur avait imposée de détourner les étrangers qu'ils hébergeaient d'aller à la messe chez le
résident. Quant au soldat coupable, qui ne put être
ressaisi, Chauvigny dut se contenter d'un arrêt qui
le condamnait, par contumace, à faire amende hono-
rable devant l'hôtel de la résidence, « nud en chemise,
la torche au poing, » et à être banni de la ville à per-
pétuité. Le gouvernement du roi, qui avait été tenu
au courant de l'affaire, se déclara satisfait de la sentence prononcée par le Conseil de Genève, sur le
compte duquel Chauvigny s'exprimait, dans sa correspondance, d'une manière beaucoup moins mal-
veillante qu'auparavant.

Cependant, malgré la bonne harmonie qui semblait régner entre le représentant de Louis XIV et les
magistrats genevois, il n'obtenait pas d'eux tout ce
qu'il croyait devoir leur demander. Il en fit l'expérience à propos d'une concession, qu'il pouvait avoir
à cœur de solliciter comme catholique, mais qu'il
n'avait aucun droit d'exiger comme résident. Il s'agissait d'une inscription latine, placée sur la façade de
l'hôtel de ville de Genève, pour rappeler l'établissement de la réforme religieuse dans cette ville, et où
il était question de « *l'expulsion de la tyrannie de l'Ante-*

christ romain et de l'abolition de ses superstitions. » Chauvigny aurait voulu que les magistrats fissent disparaître ce monument commémoratif, et ne les ayant pas trouvés disposés à pousser la complaisance jusque-là, il tâcha d'arriver à ses fins en faisant intervenir la volonté du roi. Il écrivait à Colbert, le 2 février : « Je joins icy la copie de ce qui est escript sur un marbre près de la porte de l'hostel de ville. Je leur ay desja fait cognoistre que c'estoit, non seulement contre la vérité, mais contre la modestie et l'honnesteté, à laquelle on ne doibt jamais manquer; affin que, sy Sa Majesté le juge à propos, Elle en demande la suppression, pour l'honneur de la religion et de Sa Sainteté. » Chauvigny s'était laissé, encore une fois, entraîner sur un terrain où ses chefs ne voulaient pas le suivre; aussi sa suggestion ne reçut-elle aucune réponse, et l'inscription ne disparut pas[1].

C'était le même sentiment de confiance en la débonaireté du Conseil, qui lui fit assez vite reprendre, pour l'exercice de sa religion, les allures qui avaient si fort ému et indisposé la population genevoise. Oubliant la modération qu'il avait tout récemment promis d'observer, il rendit au culte catholique, dans

---

[1] Enlevée plus tard de la place qu'elle occupait, cette inscription, gravée sur une plaque de bronze, se trouve actuellement dans la sacristie de l'église de St-Pierre.

sa chapelle, l'extension à laquelle il avait paru vouloir renoncer. La fête de la Chandeleur, 2 février, fut l'occasion de cette recrudescence. « Aujourd'huy, jour de Nostre Dame, » écrit-il, « nous avons eu trois messes : l'une d'un chanoine d'Anicy, nepveu de M. l'évesque, qui nous a fait une exhortation; l'autre du R. P. jésuite Chazot, supérieur de la maison d'Ornex, et l'autre de nostre ecclésiastique. »

L'opinion était bien loin de se familiariser, comme Chauvigny l'avait naguère pensé, avec ces messes répétées, ces fréquents offices, ce va et vient continuel de prêtres et de dévots. L'habitude, que le résident avait espéré faire prendre aux Genevois, se tournait en une plus vive opposition. Les frottements désagréables entre eux et lui allaient, en effet, croissant, pour lui surtout, qui était exposé à une foule de petites vexations ou d'impertinences, dont il lui était aussi aisé de s'apercevoir que difficile de se plaindre. C'est ce qu'il voulait faire entendre quand il disait au Conseil, sans rien préciser, que, « tous les jours, il essuyoit des mespris et des rebutz du peuple[1]. » Il caractérisait ainsi ces procédés insaisissables, par lesquels l'irritation ou la malignité populaires savent se rendre insupportables, sans devenir criminelles. L'art en fut toujours cultivé à Genève avec succès.

[1] Registre secret du (14) février 1680.

Chauvigny imputait la malveillance dont il était l'objet aux bruits que Lect avait répandus, depuis son retour à Genève, sur les intentions du roi relativement à l'exercice du culte catholique chez son résident. Chauvigny soutenait que, dans l'extension qu'il lui laissait prendre, il ne dépassait pas les ordres de Sa Majesté, tandis que l'envoyé genevois affirmait le contraire. Un débat contradictoire, provoqué par le résident, s'engagea entre eux sur ce sujet devant le Conseil. Il en résulta que, si Chauvigny pouvait accorder le libre accès de sa chapelle à tous ceux qui viendraient y entendre la messe, il devait, en revanche, s'abstenir d'aller recruter des auditeurs parmi les populations du voisinage, et ne pas admettre plus de quarante personnes à chaque office religieux. Cette restriction, déjà fixée par Colbert, venait d'être confirmée par son frère, Colbert de Croissy, le nouveau secrétaire d'État pour les affaires étrangères, qui avait pris possession de sa charge dans le mois de février.

« Les intentions de Sa Majesté, » écrivait-il à Chauvigny le 8 mars, « sur la liberté que vous devéz avoir dans vostre chapelle, sont qu'elle doit estre ouverte aux prestres et aux séculiers qui voudroient aller dire ou entendre la messe, pourveu que le nombre n'excède pas celui de 30 ou 40. » Cette recommandation se justifiait d'autant mieux, que la chapelle, ne pouvant guère contenir une plus nombreuse assistance, le surplus des dévots ne servait, en grossissant leur affluence extérieure, qu'à donner à l'office religieux une apparence de publicité, que le roi avait expressement proscrite, et qui était de nature à produire sur l'opinion le plus fâcheux effet.

En réitérant cet ordre à son subordonné, le ministre ne faisait qu'appliquer à un cas particulier l'injonction générale qu'il lui avait déjà transmise l'avant-veille, à propos de ses rapports avec le gouvernement genevois : « J'espère, » disait Colbert de Croissy, « que Messieurs de Genève continueront à tenir la main pour empescher le peuple de tomber dans des emportements pareils, » [à ceux dont s'était plaint Chauvigny]. « Toutefois, » ajoutait le ministre, « le roy estime que vous devés aussy contribuer à entretenir la bonne correspondance entre vous et eux, *sans rien prétendre au delà de ce qui vous a esté mandé par son ordre.* »

Cette lettre était datée « du 6 mars 1680, à Vitry. » L'objet auquel elle se rapporte était bien mince pour occuper alors le secrétaire d'État de Louis XIV. Ce monarque, avec toute sa cour, était venu, dans cette petite ville de Champagne, pour y attendre et y recevoir, ce jour même, la fiancée du dauphin, la fille de l'électeur de Bavière, et, par sa mère, l'arrière-petite-fille du roi Henri IV. Ce mariage, qui faisait, pour ainsi dire, remonter à sa source le sang des Bourbons, comblait de joie le potentat qui allait recevoir de ses peuples le surnom de *grand*, et qui, dans cette union de famille, croyait voir un heureux présage pour les destinées de sa race. Colbert de Croissy, qui avait négocié ce mariage, aurait dû, à ce qu'il semble, être plus que personne exclusivement absorbé par l'arrivée de la future dauphine. Il trouvait néanmoins le temps d'expédier une lettre d'affaires à Chauvigny, en y joignant quelques détails sur la rencontre du roi avec sa bru.

Mais, quelque importance que pût avoir cet événement pour la royauté française, ce n'est point là ce qui nous aurait engagé à en faire mention dans notre récit, s'il ne se rattachait, par un certain côté, au sujet qui nous occupe. Le mariage du dauphin amena, en effet, quoique d'une manière indirecte, le dénouement de la situation pénible et difficile qui résultait pour Genève de la conduite de Chauvigny. La seigneurie avait l'usage d'envoyer à la cour de France, dans les grandes occasions, des députés chargés de la complimenter au nom de la république. Le mariage du dauphin, méritant au plus haut point une manifestation de ce genre, on choisit, pour porter au roi les félicitations du Conseil, le syndic Michel Trembley.

Il-était difficile de faire un choix plus heureux, et l'on ne récusera pas, sur ce point, le témoignage du résident lui-même. Aux qualités et à l'expérience qu'il avait acquises par une longue pratique des affaires publiques, Trembley joignait « l'habileté, la science du monde, l'accortise, » que vantait Chauvigny[1], et qui devaient lui valoir à la cour encore plus de succès que ses vertus civiques, auxquelles le résident rendait également hommage, à sa manière, quand il disait de lui, en annonçant son départ: « C'est un homme zélé pour sa religion et pour la république jusqu'à l'emportement; qui passe d'ailleurs pour un honneste homme. »

Trembley partit le (24 février) 5 mars, accompagné d'un de ses parents, l'auditeur Jean-Pierre Trembley, et du professeur Michel Turrettini. On lui assignait pour ses dépenses un traitement de cinq écus par jour[2]. Il avait pour instruction de présenter au roi, à la reine, au dauphin et à la dauphine, les hommages et les vœux des « Syndics et Conseils de Genève. » Quant au résident, Trembley, pour ne pas ôter à son ambassade le caractère d'un pur hommage de courtoisie, ne devait point en parler de lui-même, et, si on le questionnait sur son compte, simplement

---

[1] Registre du Conseil du (9) février 1680.
[2] Voyez plus haut, p. 106,

répondre : « M. le résident se donne bien de la peine, et il nous en donne aussy beaucoup. »

Chauvigny, qui avait vu, avec un si grand chagrin, la mission de Lect, ne prit point ombrage de celle de Trembley, quoiqu'elle dût lui être plus funeste ; il lui fit même des offres de service, pour rendre son séjour à Paris et à la cour plus agréable et plus facile. Il se croyait en assez bons termes avec le Conseil pour ne pas avoir à s'inquiéter de cette députation purement d'apparat, et, s'il avait su, comme le lui recommandait Colbert de Croissy, « ne rien prétendre au delà de ce qui luy avoit esté mandé, » la mission de Trembley serait restée une simple démonstration de politesse.

CHAPITRE X

PROPAGANDE ET MÉSAVENTURES DU RÉSIDENT

Mais, c'était en vain que le nouveau secrétaire
d'État de Louis XIV s'efforçait, comme ses prédécesseurs, d'inculquer à Chauvigny une retenue et une
discrétion, auxquelles la tournure de son caractère le
disposait mal à se prêter. Loin de se renfermer
exclusivement dans ses fonctions politiques, il ne
savait pas résister au penchant qui le poussait à se
faire, chaque jour davantage, le champion du prosélytisme catholique. Il avait entrepris, avec l'aide des
jésuites, une campagne de propagande, par le moyen
de petits écrits religieux qu'il répandait dans Genève,
plus ou moins ouvertement. La Compagnie des
pasteurs, qui faisait la garde autour de son troupeau, fut avertie, dit son registre, « que M. le résident commence à semer par la ville quelques *livres
dangereux pour la religion,* et que les jésuites d'Ornex
ont donné à quelques particuliers un *catéchisme* pour

tascher de les séduire. Ils ont également sollicité deux habitans de la ville, fort pauvres, de changer de religion[1]. »

On se mit aussitôt en mesure de déjouer ces premiers essais de conversion, en chargeant les pasteurs que cela concernait plus spécialement de « retirer le catéchisme des mains de ceux qui l'avoient reçeu, et de prendre un soin particulier des personnes séduites, comme aussy de tous ceux qui courent le mesme danger. » On ajoutait, mais avec moins de certitude, que « M. le résident se vantoit d'avoir la bourse du Pays de Gex ouverte pour faire des prosélytes dans Genève, et qu'il faisoit faire une collecte en Savoye dans la mesme intention. » Le pasteur Sarasin, dans son journal, rapporte les mêmes faits et les mêmes bruits, et il ajoute ceci : « Dernièrement le résident fourra adroitement, dans le manchon d'une des demoiselles de la Bastie, je ne sçay quel *livre papiste.* » Chauvigny jouait personnellement, comme on le voit, le rôle de convertisseur, et il en donna des exemples plus sérieux que la tentative sur le manchon de Mlle de la Bastie. Il est vrai que ce ne sont pas des Genevois que le résident aspire à ramener au bercail.

« J'ay trois ou quatre personnes du Pays de Gex, »

[1] Registre de la Compagnie, (20) février 1680.

écrit-il au ministre, « disposées à faire abjuration, et aussy un cavalier du régiment de Konixmarc, actuellement dans le séminaire; dont les uns voudroient bien faire leur abjuration, et l'autre dire sa première messe, *dans ma chapelle;* mais je n'ay ozé le promettre sans connoistre sur cela les intentions de Sa Majesté. » Puis, c'est un capucin français, devenu protestant, qui s'est marié et établi à Genève, et à propos duquel sa mère écrit au résident: « Je vous conjure, Monsieur, par le sang de Jésus-Christ, de travailler à sa conversion, et de retirer ainsy une âme de l'enfer. » La demande est appostillée par l'évêque de Senez[1].

Mais Chauvigny a des scrupules, qu'il croit pourtant mal fondés : « Je ne sçay, » dit-il, « si Sa Majesté agrée *que je me mesle de ces sortes d'affaires,* qui lui attirent la bénédiction de Dieu et des hommes, par le soulagement que de pauvres dévoyés reçoivent, sans que Genève s'en scandalize fort. » En d'autres occasions il se montre moins méticuleux: « *Nous avons disposé,* » écrit-il à M. de Croissy, « le sr de Cadillac, qui se dit capitaine au régiment de Languedoc, à sa conversion, et il se seroit exécuté, s'il n'avoit quelques mesures à prendre du costé de sa famille, qui l'abandonneroit aussitost. »

---

[1] Ancien évêché de Provence.

Chauvigny justifiait ses excursions dans le champ du missionnaire en « se flattant de conserver la paix avec Messieurs de Genève, » et en espérant que « leurs belles paroles et leurs protestations seroient plus sincères que par le passé. » Cependant il ne se sentait pas sûr de les trouver toujours aussi bien disposés, et il aurait voulu que M. de Croissy lui donnât « un témoignage, » qui, en lui conciliant toujours davantage l'esprit des magistrats genevois, « le mist plus en estat de faire, aux occasions, du bien avec même leur agrément, et de seconder ainsi plus efficacement les pieuses intentions de Sa Majesté. »

Mais, au lieu de lui accorder ce « témoignage, » qui devait servir à favoriser son amour de propagande, le ministre écrit au résident, vers le 8 mars : « Prenez garde que les demandes d'abjuration qu'on vous fait *n'aient pour but de vous commettre avec la ville de Genève*. Contentez-vous donc de laisser vostre chapelle ouverte aux passans et à ceux de la ville qui y voudront aller, pourveu qu'ils n'excèdent pas le nombre qui vous a esté marqué. » L'appel aux « pieuses intentions de Sa Majesté » n'avait pas réussi. Une autre demande de Chauvigny lui valut une nouvelle déconvenue.

Il s'agissait d'un prêtre français, ancien jésuite,

emprisonné à Genève depuis six ans, pour avoir intrigué contre la sûreté de la ville. On avait sollicité le résident d'intervenir en sa faveur auprès du roi. De Croissy lui répond : « Le roy ne désire pas que vous demandiez la liberté du prebstre françois qui est retenu dans les prisons de Genève, d'autant plus que vous croyez vous-mesme qu'il s'est attiré son malheur par sa légèreté. Cependant, quand ON vous fera de semblables prières, le roy veut que vous nommiez *ceux* qui vous les feront et les raisons qu'ils pourront avoir. » Chauvigny s'exécute : « Ce sont les RR. PP. jésuites de la maison d'Ornex » qui l'ont sollicité, « plus, je crois, » dit-il, « par un principe de charité, fondé sur la seule considération de son caractère, que par aucun autre intérêt. » Le ministre avait bien su voir que, dans ce cas encore, Chauvigny avait obéi à des influences étrangères au service du roi et oublié l'avertissement qu'il avait reçu de ne pas « se commettre avec la ville de Genève. »

Cette persistance du résident à suivre une ligne de conduite, qui s'éloignait toujours plus de celle qui lui était tracée par les ordres réitérés de sa cour, ne peut s'expliquer que par la persuasion où il était que le roi, dont « les pieuses intentions » se manifestaient en France par la guerre contre l'hérésie, ne pouvait pas sérieusement interdire à son représentant de les interpréter à Genève de la même façon. Il se leurrait d'ailleurs de l'espoir que, si par excès de zèle religieux, il faisait fausse route, le crédit du P. La Chaise suffirait, le cas échéant, pour prévenir les conséquences fâcheuses qui pourraient en résulter pour lui. Mais, quelle que fut la cause de sa confiance, il ne renonçait point à s'ingérer dans un domaine où le gouvernement royal ne voulait pas qu'il mît le pied, et il continuait en même temps à se faire, sur le compte des Genevois, des idées peu conformes à la réalité. Il écrivait le 11 mars 1680 :

« L'exercice de nostre religion est extrêmement tranquile; la canaille fait bien toujours quelques sottises, mais je dois rendre justice à Messieurs du Conseil, qui font ce qu'ils peuvent pour la réprimer. » Le résident s'abusait; l'effervescence des esprits était bien plus grande qu'il ne s'imaginait, et la patience des magistrats approchait de son terme.

L'extension qu'il ne cessait de donner à l'exercice du culte catholique choquait toujours davantage ce qu'il appelait « la canaille, » et ce qui était l'immense majorité de la population. La condescendance qu'il trouvait chez le magistrat accroissait le mécontentement public, et il y avait évidemment divorce entre le Conseil et l'opinion. Chauvigny avait multiplié les offices pendant le carême, et il écrit, sur ce sujet, à

M. de Croissy, dans la même lettre : « M. le doyen de Gex nous a procuré des prédicateurs pour tous les dimanches et festes de ce caresme, qu'il a choisis pami les ecclésiastiques de son doyenné, où il se trouve d'habiles gens, car M. l'Evesque de Genève a grand soin de remplir cette petite province, plus de deux tiers huguenotte, de clercs capables et d'exemple. » De son côté, le pasteur Sarasin écrivait dans son journal, le (8) mars : « Il continue d'aller beaucoup d'estrangers à la messe chez le résident, surtout les jours de marché, de feste et le dimanche, et même souvent les autres jours. »

Les Genevois ne prenaient pas leur parti de voir ainsi s'installer au milieu d'eux, dans la plénitude de son exercice, un culte qu'ils avaient été habitués à considérer comme une idolâtrie et un péril. Leur foi et leur amour-propre étaient également blessés de ce qu'ils tenaient pour une insulte à leurs convictions et une bravade contre leur souveraineté. C'est ce dont Chauvigny ne pouvait pas se convaincre et ne voulait pas se rendre compte. Il se nourrissait encore d'illusions, au moment même où il allait définitivement les perdre : « Qui n'auroit creü, » écrit-il au ministre, le 22 mars, « que je ne trouverois plus à Genève que du respect pour Sa Majesté et de la douceur pour moy? Cependant vous verrez, Monseigneur, par le

procès-verbal ci-joint, le détail *du plus grand emporte-*
ment auquel j'aye encor esté exposé. »

Voici ce qui s'était passé. Pendant que la messe se
disait chez le résident, le (9) 19 mars au matin, et que
le R. P. Dufour, jésuite, faisait une exhortation aux
catholiques français et savoyards rassemblés dans sa
chapelle, une foule, composée surtout d'enfants, s'était
ameutée devant l'hôtel de la résidence ; les fenêtres
des maisons voisines, dans la Grande Rue, s'étaient
garnies de monde. Au moment où les personnes qui
avaient assisté au culte romain sortirent de la maison
du résident, elles furent accueillies par des cris inju-
rieux, par des pierres et par de l'eau que l'on jetait
hors des fenêtres.

Ce tumulte, plus bruyant que malfaisant, car il n'y
eut ni coups, ni meurtrissures, n'en avait pas moins
un caractère assez grave pour justifier les plaintes
que Chauvigny, accompagné de deux laquais, vint
immédiatement porter au Conseil. Quoiqu'il n'eût été
personellement l'objet d'aucune insulte, il prétendit
avoir entendu crier derrière lui : « Tue, tue ; » ce qui
rappelle le quiproquo dont il avait été déjà victime
en prenant une lunette d'approche pour un fusil.
Parmi ceux qui avaient assisté chez lui à la messe
se trouvaient des hommes employés à curer les fos-
ses d'aisance de la ville, et auxquels les enfants, dans

leur grossièreté populaire, avaient l'habitude de crier
par dérision : « Cure, cure. » Le résident avait vu,
dans un brocard qui ne lui était pas adressé, une
menace de mort. On eut beau lui démontrer son
erreur, il n'en persista pas moins à maintenir, dans
son rapport au ministre, que des cris homicides
avaient été poussés contre lui.

Dès qu'il eut ouï les plaintes du résident, le Conseil l'assura, séance tenante, qu'on allait procéder à
une enquête sur ce désordre, et qu'il serait fait justice selon l'exigence du cas. Mais Chauvigny n'en
conservait pas moins une grande irritation, à laquelle
il eut le tort de s'abandonner en frappant et en inju-
riant, à son retour chez lui, un nommé Delage,
vieillard de soixante et dix ans, sellier de son état,
qui était venu dans la cour de l'hôtel pour une
affaire de son métier, qui ne concernait pas le résident. Maltraité par celui-ci, qui l'apostrophait, en
même temps, de « coquin » et de « marault, » ce vieillard lui avait répondu, sans savoir, assura-t-il, qu'il
eût affaire au résident : « Les coquins sont dans vos
chausses. » Propos pour lequel le Conseil le con-
damna à la prison et à l'amende; « dont les bourgeois
murmurent fort, » dit le pasteur Sarasin[1]. Une con-

---

[1] Journal au (11) mars 1680.

damnation du même genre, mais encore plus sévère, fut prononcée contre un bourgeois nommé Miège, qui était accusé d'avoir jeté de l'eau sur les personnes qui sortaient de la messe[1]. On ne trouva pas d'autres coupables.

Tout cela ne suffit pas pour satisfaire Chauvigny, qui affectait une grande inquiétude sur l'état des choses dans Genève et qui écrivait à sa cour, en lui rendant compte de ce nouvel esclandre : « Dans peu on verra des gens assommez; on ne veut plus icy ny résident, ny messe; les syndiques n'ozeroient faire chastier personne pour ce sujet. » Il avait dit au Conseil qu'il se proposait de fixer sa demeure à Gex, « n'estant plus en seureté dans Genève; » ajoutant que, « si Sa Majeste envoyoit cent dragons dans le païs de Gex, cela mettroit en peine Messieurs du Conseil et les porteroit à agir autrement[2]. »

La bonne intelligence où Chauvigny avait momentanement vécu avec la Seigneurie commençait donc à disparaître, et la majorité, qui lui avait été jusque-là favorable, allait, en effet, se déplacer. « Le Conseil, » dit le pasteur Sarasin, « est presque toujours partagé sur les affaires du résident, et souvent cela est accom-

---

[1] Registre du Conseil, (10), (12) et (16) mars 1680.
[2] Registre du Conseil du (12) mars 1680.

pagné de picoteries réciproques : les uns croyans qu'il
faudroit luy déférer davantage et chastier le peuple
qui parle mal de luy ou des magistrats; les autres
croyans qu'il vaudroit mieux se plaindre une bonne
fois à la Cour contre luy, y en ayant assés de
sujets[1]. »

Cette dernière opinion tendait de plus en plus à
prévaloir, et Chauvigny semblait prendre peine à dé-
courager ses défenseurs, en tenant des propos qui
contribuaient à aigrir toujours plus les esprits. Il disait
qu'avant deux mois il demanderait et obtiendrait, pour
y faire célébrer la messe, un des temples de la ville. On
l'avait vu se promener autour de celuy de St-Germain,
qui était alors inoccupé, et sur lequel, par une sorte d'instinct prophétique, il semblait avoir jeté son dévolu[2].
On s'irritait, en outre, de ce qu'il recrutait, pour venir
dans sa chapelle, les catholiques du dehors, et de ce
qu'il envoyait les gens de sa maison raccoler dans la
ville des auditeurs pour sa messe[3]. On était encore
plus froissé du mépris qu'il témoignait à l'égard du
culte protestant, auquel il assistait en gardant son

<hr>

[1] Journal du pasteur Sarasin, au (31 mars) 1680.

[2] Journal du pasteur Sarasin, au (11) mars 1680. L'église de St-Germain a
été la première, et, de 1803 à 1857, la seule, qui fût dans Genève consacrée au
culte romain. Elle a été, en 1873, la première qui ait été occupée par les catholiques, dits libéraux.

[3] Registre du Conseil, (10) et (23) mars 1680. Journal du pasteur Sarasin au
(31 mars) 1680.

chapeau sur sa tête pendant les prières et la lecture de la Bible[1].

Aussi le Conseil, auquel les ménagements envers Chauvigny commençaient à paraître hors de saison, se disposait-il à dresser une nouvelle liste de ses griefs contre lui, et s'était-il décidé à revenir sur la recommandation qu'il avait faite à son député de ne pas aborder à la cour la question du résident[1]. Celui-ci, de son côté, accusait les magistrats de faiblesse et d'impuissance, leur reprochant de craindre le peuple et de ménager ses excès, « parce que de luy dépendoient leurs employs. » Mais c'était principalement les pasteurs qu'il rendait responsables des mauvaises dispositions de la population genevoise. « Je peux dire, » écrivait-il, le 22 mars, à M. de Croissy, « que le ministre est icy plus à craindre que le magistrat, et que je crois qu'ils ont bonne part aux désordres, par la liberté qu'ils ont d'entrer partout, de se mêler de tout, et d'insinuer ce qui leur plaist, soubs le prétexte de la religion, dont ils font leur affaire. »

Des deux parts, comme il arrive souvent après les tentatives de réconciliation restées sans succès, l'hostilité devint plus vive. L'accord entre le gouvernement de Genève et le représentant du roi ne devait plus se

[1] Registre du Conseil, (12) mars 1680.
[2] Registre du Conseil, (12) mars 1680.

rétablir. Un nouvel incident consomma la rupture.
Chauvigny, pour prendre en quelque sorte sa revanche
de la petite émeute du 19 mars, voulut, six jours
après, donner à la célébration de l'une des plus grandes
fêtes catholiques, l'Annonciation de la Vierge, un éclat
inaccoutumé. « On a eu advis, » dit le registre, « que
M. le résident a invité pour la feste de Nostre Dame
de mars, des prêtres de France et de Savoye, pour
venir chez luy dire la messe, accompagnés chacun
d'un certain nombre de leurs paroissiens[1]. »

« Les jésuites d'Ornex ont fort exhorté le peuple
de Gex, » dit le pasteur Sarasin, « de venir Lundy qui
vient (feste de Nostre Dame) ouïr les sermons qu'ils
feront icy. » On lit encore dans son journal, à la
date du (15) 25 mars : « Hier, M. le résident, l'après
disnée, monta exprès à cheval et alla dans tout le
voisinage, invitant les papistes à venir aujourd'huy à
la messe. » Tout était calculé pour une manifestation
catholique, telle que Genève, depuis le retour du culte
romain, n'en avait pas encore vu de semblable.

Le Conseil, prévoyant l'effet qu'une pareille
démonstration produirait sur la population genevoise,
déjà mécontente et surexcitée, résolut d'y mettre
obstacle. Il décida que le (15) 25 mars les portes de

---

[1] Registre du Conseil, (13) mars 1680.

la ville resteraient fermées à tout le monde (sauf aux courriers de France et d'Allemagne), jusques à deux heures et demie. Ainsi fut fait. Mais les invités de Chauvigny, qui n'avaient pas été prévenus, arrivèrent, le (15) 25 au matin, pour se heurter à des portes closes et en attendre en vain l'ouverture. Du haut des remparts, les habitants de Genève voyaient, on conçoit avec quelle maligne satisfaction, les prêtres et leurs ouailles faisant le pied de grue sur le glacis des fortifications et finissant, à la longue, par se retirer tout penauds. De même, dit le pasteur Sarasin, « on apercevoit sur le lac, de grands bateaux qui venoient, chargés de monde, pour la messe, dont l'un estoit plein de prestres, de moines et de religieuses[1]; » mais il leur fallait rester en panne, devant les chaînes tendues en travers de l'entrée du port.

Chauvigny, qui n'avait été d'avance informé de rien, attendait chez lui, sans voir arriver personne, ceux qu'il avait convoqués pour dire ou pour ouïr la sainte messe. Il finit par sortir de son hôtel, afin d'aller aux renseignements : « A dix heures, » dit encore le pasteur Sarasin, « M. le résident est venu se promener sur la Treille, faisant l'ignorant, et il a demandé à M. du Torrent d'où venoit que les portes estoient

---

[1] Journal du pasteur Sarasin, au (15) mars 1630.

fermées, qui luy a respondu que peut-estre on racommodoit les ponts, ou que, comme le Deux Cent estoit assemblé pour quelque grande affaire, on les avoit exprès fermées. »

Nous verrons plus loin quelle était « l'affaire » qui occupait alors le grand Conseil. « Plus tard, » continue Sarasin, « M. le résident s'est présenté à cheval à Neuve, pour sortir. On luy a ouvert et on a relevé les ponts. Il estoit plein de colère et de rage, et alla par divers villages de Savoye, disant au monde pourquoy ils ne prenoyent pas les armes contre ces b....... de Genevois, pour venir icy nous tuer et nous abismer. »

Voici, d'autre part, la version de Chauvigny : « Hier, jour de Nostre Dame, les portes de la ville furent fermées dès le matin, soubz le prétexte de cette assemblée générale [des Deux Cents], mais le véritable estoit pour empescher que personne ne peüst entrer, pour la messe, à la bonne heure. Mais, estant monté à cheval, un peu après midy, avec deux laquais, aussy à cheval, pour aller à la prédication à une lieüe d'icy, je fus suivi jusques à la porte de la ville par plus de deux cents personnes, hommes, femmes et enfans de tous aages, clabaudants après moy ; ce qui m'obligea enfin de tourner bride vers eux, et, ayant aperçeü trois valets de ville, je leur ordonné tout hault de faire retirer cette canaille. Ils se mirent, mais sans effet, en devoir de le faire. Ayant esté conduit ainsy jusques au corps de garde de la porte, d'où l'officier, à la prière que je luy en fis, ayant fait sortir quelques soldats, soubs le commandement d'un sergent, ils obligèrent ce peuple à se retirer. On m'ouvrit les portes, et je rentré sur les six heures. »

Quand le résident rentra dans la ville tout était redevenu calme ; mais, durant la première partie de la journée, le bruit avait couru que l'on était menacé de quelque agression du dehors, et, sans en avoir reçu l'ordre, on s'était mis sur la défensive. « Plusieurs bourgeois, » dit Sarasin, dans son journal, « se promenoient par la ville avec leurs armes cachées sous leurs casaques ou manteaux. Ceux de St-Gervais avoient résolu de prendre les armes et de venir faire main basse sur cette foule de monde, s'ils fussent venus à la messe. » Heureusement que, grâce à la précaution prise par le Conseil, tout se passa paisiblement : les catholiques restèrent dehors et les épées des protestants dans le fourreau. Le plaisant l'emporta sur le tragique.

Seulement l'irritation de Chauvigny, qui se trouvait deçu et bafoué, fut d'autant plus vive, qu'il lui fallait avaler cette mésaventure sans se plaindre, car il aurait ainsi confessé un mécompte pour lequel il ne pouvait exiger aucune réparation, le Conseil ayant évidemment agi dans les limites de sa souveraineté. Mais on le vit, quelques jours après, comme pour se dédommager du mauvais tour qu'on lui avait joué, parcourir à cheval, suivi de ses deux laquais, et la main sur ses pistolets d'arçon, les rues basses de la ville; non pas dans la grande voie centrale destinée aux voitures, mais sur les trottoirs réservés aux piétons et placés entre les maisons et des échoppes (appelées *haut-bancs*), qui bordaient, de chaque côté, la rue proprement dite [1]. Il était difficile de ne pas regarder cette promenade excentrique comme une pure bravade et presque comme une provocation. Si elle avait amené une collision entre les cavaliers et les passants, la faute n'en aurait pas été à ces derniers. L'on comprend que de tels procédés, venant d'un tel personnage, pussent inspirer la pensée qu'il voulait tendre ainsi quelque piège à la population, en la poussant à d'imprudentes représailles.

Les magistrats s'en inquiétaient, mais ils se trouvaient, pour le moment, engagés eux-mêmes dans une querelle intestine, qui se débattait entre le petit Conseil et le Conseil des Deux Cents. Quoique cet incident ne se rattache pas directement au fond même

---

[1] Journal du pasteur Sarasin, au (24) mars 1680.

de notre récit, il mérite pourtant une courte digression, comme donnant une vue sur le gouvernement et les mœurs politiques de Genève à cette époque. Le conflit dont il s'agit avait pris son origine dans une contestation survenue entre le premier syndic Baudichon de la Maisonneuve et le procureur général Isaac Pictet, les deux dépositaires des plus importantes magistratures de la république[1]. Les intérêts qui étaient en cause se trouvaient infiniment moins grands que les passions qui étaient en jeu. Une question d'étiquette faisait le sujet du débat, mais on remontait, dans la discussion, par un penchant naturel à l'esprit genevois, jusques aux principes fondamentaux de la constitution de l'État. Les violences les moins pardonnables se mêlaient aux considérations les plus hautes de droit public. Voici ce qui avait donné lieu à la querelle :

Le petit Conseil et celui des Deux Cents se trouvaient réunis, le (5) 15 mars, en séance plénière, et pendant que les membres de ce dernier corps entraient dans la salle des délibérations, le premier et le second syndics, causant ensemble, avaient gardé leur chapeau sur la tête. Là-dessus le procureur général prit immé-

---

[1] Le procureur général était, comme les syndics, élu en Conseil général par l'ensemble des citoyens, et, d'après les attributions de sa charge, il était le gardien et le défenseur des droits de l'Etat et de ceux des particuliers.

diatement des conclusions, selon le droit de sa charge, tendant à déclarer qu'il y avait eu, de la part des deux syndics, une violation des usages observés jusqu'alors, et qu'on devait ajourner toute délibération commune jusques à ce que cette question fût vidée. La demande du procureur général provoqua, de la part du premier syndic, une vive opposition, et une violente altercation s'engagea entre ces deux magistrats.

Le procureur général soutenait que, quand il prenait la parole, « *il représentait le peuple et parlait en son nom,* » en sorte que le premier syndic devait se taire. Baudichon répliquait que c'était du peuple que lui-même tenait sa charge, et qu'il ne pouvait en sacrifier aucune des prérogatives sans forfaire à « son devoir *envers le souverain, dont il estoit le représentant.* » De parole en parole on en vint aux gros mots et aux injures, le procureur général se laissant même aller jusques à dire à son interlocuteur que, si l'on était hors du Conseil, il « luy casseroit la teste. » Cependant l'ajournement fut voté et l'affaire remise, « pour estre digérée, » à une prochaine séance.

Le petit Conseil s'occupa immédiatement de la question de principe, en laissant au premier syndic le soin de ce qui le concernait personnellement, et il résolut de soutenir, devant les Deux Cents, « que c'estoit un droit qui estoit indubitablement acquis à Messieurs du petit Conseil de se tenir couverts à l'entrée du grand Conseil, comme représentants de la majesté de l'Estat; que ce droit avoit esté déjà praticqué cy-devant, et que, ne l'eust-il pas esté, il n'auroit pu tomber en déchéance. » On décida, toutefois, que, « par prudence et pour éviter toute aigreur, » Messieurs les syndics ne se rendraient dans la salle des séances qu'après que les membres du Conseil des Deux Cents y seraient eux-mêmes entrés.

Les deux Conseils s'étant donc réunis de nouveau, le premier syndic exposa que, « l'indignité » dont il avait été l'objet, de la part du procureur général, rejaillissant sur son caractère de magistrat, « il se voyoit obligé de faire convoquer *le Conseil général et souverain,* pour lui résigner sa charge; » pour quoy il demandait l'agrément du grand Conseil. Le procureur général, mis en cause, répliqua qu'il n'avait point eu l'intention de porter atteinte à la dignité syndicale, et qu'en « ce qu'il avoit dit de casser la teste, il avoit réservé la qualité de sindic et adressé son discours au particulier de M. de la Maisonneuve. » La distinction était subtile et peu propre à satisfaire celui qu'on avait surnommé « teste de fer. »

Les Conseils, comprenant que la blessure n'était pas encore cicatrisée, votèrent un nouvel ajournement au (15) 25 mars. Ce fut précisément le jour des messes manquées et de la clôture des portes; mais cela n'empêcha pas les deux Conseils de tenir leur séance, à l'ouverture de laquelle le premier syndic déposa la protestation suivante: « Noble Gabriel de la Maisonneuve, premier sindic, ne pouvant plus, avec honneur, continuer les fonctions de sa charge, après les insultes et indignités qui lui ont été faites dans son siège, en pleine assemblée de ce Conseil, par le s^r procureur général, et considérant que, dans sa personne, *on a violé la majesté et souveraineté du peuple,* qui lui en a remis l'exercice, et aux seigneurs sindics ses collègues, il ne peut se dispenser d'en informer le Conseil général, tant pour ne pas courir le reproche, qui pourroit lui estre justement fait, d'avoir mal soutenu la dignité de son caractère et la *souveraineté du peuple,* que pour lui résigner sa charge, puisque c'est de luy qu'il la tient, et qui seul a le droit de régler l'autorité des Conseils. Et, en tant que cette magnifique compagnie voudroit, cependant, passer outre à quelque proposition dérogeante au droit et dignité de Messieurs les sindics, il proteste contre tout ce qui pourra estre fait, et que rien ne luy en soit imputé, jusques à ce que le *Conseil général et souverain* en ait ordonné, et déclaré si son intention est de maintenir ou de changer les Édits; et, comme il ne peut assister en cette délibération, il estime que le s^r procureur général se doit aussy retirer. » Ce qui fut fait.

Les deux adversaires ayant ainsy laissé le champ libre à la discussion, on décida que, « veu la circonstance du tems, et le péril qu'il y a de parler, *à présent,* d'une matière si délicate, il est plus convenable de surçeoir d'un mois toute délibération sur ce sujet. » L'affaire était enterrée, elle ne ressuscita pas. On avait compris qu'il ne fallait pas ajouter cette difficulté à celles que créaient déjà la conduite de Chauvigny et l'irritation publique.

Cette irritation avait pris, pour se manifester et se satisfaire, une de ces formes de la moquerie que le langage du terroir nomme des « montures, » et que le résident appelait des « traits de pages ou d'escoliers malitieux. » Il aurait dû, par conséquent, fermer les yeux, ou plutôt les oreilles, à ces espiègleries populaires. Cette nouvelle niche, que le résident s'empressa de dénoncer à son gouvernement, par sa lettre du 26 mars, consistait dans le chant des Psaumes, « à gorge déployée, » que les habitants du voisinage entonnaient en chœur, lorsqu'un guetteur, placé dans le haut de l'une des maisons qui dominaient la chapelle, donnait le signal du commencement de l'office. A la psalmodie de la messe répondait, en la couvrant, le concert, probablement peu harmonieux, des hommes, des femmes et des enfants, qui chantaient à l'unisson les mélodies de Goudimel. Chauvigny, trouvant que la plaisanterie dépassait la mesure, demanda aux magistrats de la faire cesser[1].

Mais le Conseil, qui se sentait l'objet de la défiance publique, parce qu'on lui reprochait d'avoir gardé trop de ménagements envers le résident, le Conseil refusa d'intervenir dans cette affaire, « cela estant fort délicat, » dit le pasteur Sarasin[2]. Il s'était même résolu, afin de reconquérir la faveur populaire, « de prier les pasteurs d'aller dans les dixaines exhorter le peuple et les plus mutins à ne point faire d'émotion. » Les pasteurs s'empressèrent de prêter leur concours, et de s'employer « auprès des plus échauffés, pour les exhorter à estre tous unis avec le magistrat et de ne se laisser aller à aucun fascheux emportement. » Mais, après avoir fait la leçon à leurs paroissiens, les ministres ne purent dissimuler au Conseil qu'il lui fallait « empescher à tout prix ces grands attroupemens de monde chez le résident, car autrement il y auroit à craindre les plus dangereuses conséquences, veu qu'il sera impossible de retenir le peuple[3]. »

Chauvigny, d'autre part, relançait les magistrats

---

[1] Registre du Conseil du (19) mars 1680.
[2] Journal au (31) mars 1680.
[3] Journal du pasteur Sarasin, au (2) mars 1680. Registre du Conseil, (16) mars 1680.

pour qu'ils fissent constater chez lui la légitimité de ses plaintes. « Nos charivaris, » écrivait-il le 12 avril, « continuent de telle sorte que mercredy nostre ecclésiastique fut obligé de quitter l'autel et de se déshabiller. Messieurs du Conseil ont, sur ma demande, envoyé des officiers de justice, qui ont peü en estre les témoings et les auditeurs, et peü voir les rendésvous de ces assemblées. Je priay avec beaucoup d'honnesteté ces gens-là de vouloir se taire. Les officiers virent l'insolence de la réponce. » Cependant, l'intervention du procureur général et un commencement d'enquête mirent fin à cette guerre du psautier et du missel, digne de figurer à côté de celle du *Lutrin*. Le résident avait d'ailleurs consenti à introduire, dans les heures du service religieux de sa chapelle, certaines modifications propres à prévenir le tapage, et il avait fait masquer, par une cloison en planches, les vues qu'on pouvait prendre sur son jardin [1].

Mais ce n'était pas seulement du côté des Genevois que Chauvigny avait à se prémunir, et les plaintes mêmes qu'il dirigeait contre eux menaçaient de retomber sur sa tête. La lettre, dans laquelle il avait raconté, en les exagérant et en les envenimant par ses interprétations, les détails de l'échauffourée du 19 mars, arriva

---

[1] Registre du Conseil, (3) et (7) avril et (24) mai 168ɔ.

à St-Germain neuf jours après ; le lendemain de celui
où le député de Genève avait présenté au roi les félicitations et les protestations de dévouement du Conseil.
Cette lettre, dont Louis XIV prit connaissance, lui
causa un vif mécontentement, et il fit immédiatement
adresser au résident une réponse, où le gouvernement
genevois était très sévèrement traité, mais qui laissait
percer, contre Chauvigny lui-même, un déplaisir tout
aussi grand. Voici le texte de cette missive royale,
datée du 29 mars 1680 :

« Monsr de Chauvigny, » disait le monarque, « J'ay
receu vos lettres des 19 et 22 du mois passé ; j'ay
veu, par le procès verbal qui estoit joint à la dernière,
la continuation des violences commises, par des particuliers de la ville de Genève, contre ceux qui sortoient de votre chapelle. J'ay ordonné à Colbert de
Croissy d'en faire de fortes plaintes au député de
cette ville qui est icy [Michel Trembley], et j'en ay
mesme écrit au s^r de Gravel, pour qu'il fasse connoistre, s'il le juge à propos, au canton de Berne, que je
seray bien aise qu'il employe son autorité pour empescher de pareils désordres à l'avenir.

« Mon intention est, cependant, que, de vostre costé,
vous en fassiez pareillement des plaintes au Conseil
de Genève et que vous leur laissiés entendre que je
m'assure qu'ils ne laisseront pas une pareille violence

sans chastiment; et qu'ils ne permettront pas que vous soyés privé, dans leur ville, de la même liberté d'exercice de la religion, dont tous mes ministres jouissent, sans trouble, dans tous les Estats protestants de l'Europe. »

Voilà pour le Conseil; voici pour le résident :

« Je n'ay point trouvé, dans tout le compte que vous m'avés rendu, que vous vous soyez exactement attaché aux ordres que je vous ai *si souvent réïtérés,* d'user *avec retenue* de la liberté que je demande qui vous soit accordée. Vous devés vous contenter de recevoir dans votre chapelle ceux qui se présenteront, *sans y appeller personne.* Et je veux surtout que vous ne fassiés *aucune démonstration publique.* C'est à quoi vous ne pouvez *trop vous attacher.* Sur ce, etc. »

Chauvigny s'empressa de demander une audience à Messieurs du Conseil, pour leur faire connaître la partie de cette lettre qui les concernait, et il accompagna sa communication d'un long discours préparé d'avance, « animé, » dit-il, « de quelque vigueur, » et où, après être revenu en arrière sur tout ce qui s'était passé entre les magistrats et lui depuis son arrivée à Genève, il leur remontrait l'obligation où ils étaient de se conformer aux légitimes réclamations du roi. Il se garda naturellement de rien dire sur ce qui, dans la lettre royale, se rapportait à lui.

Son discours ne produisit point sur le Conseil l'effet qu'il attendait. On lui répondit que l'on se croyait en règle envers le roi et que ce serait plutôt au résident lui-même « à se modérer dans l'exercice de sa religion, comme il l'avait si souvent promis[1]; » et comme le roi l'ordonne, aurait pu ajouter le Conseil, s'il avait connu tout le contenu de la lettre que nous venons de reproduire. Il aurait ainsi retourné le poignard dans la blessure qu'elle avait faite à Chauvigny. La sévérité témoignée au Conseil ne pouvait le consoler de la dure réprimande qui lui était infligée, et qui revenait à ceci : Si les Genevois ont eu des torts, c'est votre faute.

La pensée d'avoir pu encourir le déplaisir du roi le désespérait d'autant plus que c'était en accusant les autres qu'il s'était attiré les reproches de son maître: « Je me soubmetz, » écrivait-il au ministre, « à tous les malheurs que la juste indignation de S. M. peut et doit produire, avec justice, contre un sujet négligent à l'exécution ponctuelle de ses ordres. » Mais, en même temps, il protestait qu'il les avait toujours exactement observés. Il ajoutait : « La malice, la supposition et l'exagération ne négligent rien *pour me perdre.* » Avait-il ouï parler de la proposition faite au Conseil,

---

[1] Registre du Conseil du (27) mars 1630.

« par un particulier, » d'entreprendre, moyennant 400 pistoles, les démarches nécessaires « pour amener la révocation de M. de Chauvigny [1]? » Ou bien son soupçon portait-il sur ce qui pouvait se tramer à la cour contre sa personne?

Tout n'était cependant pas, pour lui, un sujet d'affliction, mais sa joie même n'était pas sans mélange. Il venait d'en éprouver une très vive, en recevant du pape Innocent XI un bref, « qui m'honore, » disait-il lui-même, « plus que je ne le peux jamais mériter, » et dans lequel, d'après le registre du Conseil, le souverain pontife « promet de contribuer tout ce qu'il pourra pour le rétablissement du culte catholique à Genève [2]. » Seulement l'allégresse, que le résident dut ressentir de ce témoignage d'approbation et de cette promesse d'auguste assistance, fut un peu troublée par l'interdiction qui lui fut faite d'exprimer au chef de l'Église sa « très respectueuse et très dévote recognoissance. » A la demande qu'il avait adressée sur ce sujet, en envoyant à St-Germain la copie du bref [3], le roi se contenta de faire répondre, le 5 avril : « Quant au bref dont vous m'escrivés, *songez seulement à bien exé-*

---

[1] Registre du Conseil du (16) mars 1680.
[2] Registre du Conseil du (9) avril 1680.
[3] Cette copie ne se trouve pas dans le dossier de la correspondance du résident.

cuter mes ordres, et ne vous ingérés pas dans aucun commerce de lettres avec les princes et ministres estrangers, que celuy que je trouverai à propos de vous prescrire. »

Cette rebuffade royale ne s'explique pas seulement par les maximes d'État qu'avait adoptées Louis XIV, mais encore par le mécontentement particulier que lui inspirait la pensée qu'un de ses agents avait voulu se mettre directement en rapport avec un pape dont il avait lui-même à se plaindre. Dans ce cas, comme dans beaucoup d'autres, les intérêts de sa politique et la dignité de sa couronne passaient, pour lui, bien avant les questions d'Église. Ainsi, par une singulière coïncidence, Rome et Genève devenaient, pour le malheureux Chauvigny, l'occasion de mercuriales, où il pouvait voir les signes précurseurs de l'orage qui se formait contre lui.

Il tâchait de le conjurer, en se lavant des reproches dont il était l'objet : « Je proteste, » écrivait-il le 12 avril à M. de Croissy, « ne m'estre jamais donné la liberté d'escrire, en quelque façon que ce peut estre, à Sa Sainteté, mais seulement à M. le duc d'Estrées (ainsy qu'y a pleü à Sa Majesté de me le permettre par la letre de M. de Pomponne du 17 novembre), pour en informer le pape. Vostre Grandeur a peut-être creü que c'estoit l'effet de quelque correspondance que j'aye avec M. le nonce de Turin; j'oze l'asseurer, avec vérité, que je n'ay jamais reçeu de ses letres, ni luy des miennes. L'honneur du bref ne m'a esté procuré que par le bruit public, en vue de la gloire de Sa Majesté, et *motu proprio*. Je me garderay bien d'en faire aucun remercîment, Sa Majesté ne l'approuvant pas. »

Le bref était donc un témoignage spontané de la satisfaction du pape, qui montre assez quelle importance Innocent XI attachait au retour du catholicisme dans Genève, cette ville rivale, qui, devenue, comme l'a dit un illustre historien, « la capitale d'une grande opinion, » avait reçu le titre de *Rome protestante*. L'intervention du pape, dans l'œuvre que les meneurs catholiques avaient confiée à Chauvigny, achève de donner à celle-ci son vrai caractère, celui d'une croisade dirigée par l'Église contre les huguenots genevois. C'était précisément à cette croisade extérieure que Louis XIV ne voulait pas donner les mains, tandis que Chauvigny, poussé par ses directeurs et entraîné par ses propres sentiments, s'y dévouait de plus en plus.

La vivacité de ses convictions, et peut-être l'influence de l'esprit genevois enclin à la dispute, avaient développé chez lui le goût du prosélytisme et de la polémique. Mais il ne s'en était pas tenu, sur ce point,

aux discussions de société, ou à la distribution des
« livres papistes. » Grâce, sans doute, aux ressources
qu'il avait puisées dans l'arsenal théologique des
PP. Jésuites, il se crut suffisamment armé en gurere,
pour ne pas craindre d'aborder de front la controverse
proprement dite, et il avait entrepris de croiser le fer
avec l'un des théologiens de Genève les plus versés
dans ces matières, le professeur Louis Tronchin.

. Des conférences en règle s'étaient établies, sur le
vœu du résident, pour débattre contradictoirement les
questions de doctrine qui élevaient un mur de sépa-
ration entre l'Église romaine et la communion réformée. Chauvigny, convaincu de la bonté de sa cause,
et sans inquiétude sur l'effet que pouvait produire
l'argumentation de son adversaire, voulut que son
secrétaire Desmarets assistât à ces conférences, afin
de l'avoir comme témoin de ses prouesses et de ses
succès théologiques. Malheureusement pour lui, le
résultat de la joûte fut le contraire de ce qu'il en
attendait. Quand elle fut terminée, le secrétaire re-
nonça la foi catholique et se déclara protestant.

Chauvigny fut atteint par là dans son endroit le plus
sensible : « c'est asseurement, » dit-il lui-même, « le
dernier des desplaisirs que je pouvois recevoir. » Son
amour-propre ne fut pas moins blessé que son sentiment religieux. Il se trouvait, tout à la fois, irrité et

humilié de voir un homme, qui lui tenait de si près, déserter ainsi la cause à la défense de laquelle il s'était lui-même consacré. Il était particulièrement véxé du ridicule qui pourrait s'attacher à sa mésaventure : « Voilà, » dit-il, « une belle matière pour égayer la *Gazette d'Hollande.* »

Cependant, au lieu de rapporter cette conversion de son secrétaire, ou, pour parler comme lui, cette apostasie, à sa véritable origine, c'est-à-dire à la puissante dialectique du professeur Tronchin, dont il avait lui-même préparé la victoire, il l'attribuait aux motifs les moins respectables. « C'est un misérable, » écrivait-il, « qu'ils ont suborné par la débauche et corrompu par de l'argent. » Comme Desmarets avait fait son abjuration à Lausanne, Chauvigny, dans sa colère, voulait s'adresser à Messieurs de Berne pour obtenir son extradition, sous le prétexte que « c'estoit un espèce de crime d'Estat, à un domestique de cette qualité, d'emporter le secret de son maistre. »

Mais il appréciait mal les raisons qui avaient porté le nouveau prosélyte à changer de religion, et il s'effrayait à tort de ses indiscrétions diplomatiques. La lettre, où Desmarets prenait congé de lui, était de nature à dissiper ses soupçons. Il est vrai, que, d'après lui, cette lettre était « la plus politiquement mali-

tieuse qui se puisse imaginer. » Mais elle nous paraît,
au contraire, empreinte d'un esprit de convenance et
d'un sentiment de piété, qui ne sont ni « politiques, »
ni « malitieux [1]. » Après avoir exprimé à Chauvigny
sa gratitude pour « les bontés et les honnestetés » qu'il
avait reçues de lui, Desmarets explique que c'est
pour ne pas paraître manquer aux égards qu'il lui
devait, qu'il n'a pas fait dans Genève même son
abjuration. Puis il expose comment les prédications
qu'il a entendues dans cette ville ont éveillé, dans son
esprit, sur la vérité de la religion catholique, des doutes
que les conférences, que le résident « a recherché
d'avoir avec M. Tronchin, » ont rendus invincibles. Il
déclare ensuite qu'en quittant l'Église romaine, il a
obéi au désir « de servir Dieu le plus purement possible. » Car, du point de vue de l'intérêt, « tout m'auroit convié, » dit-il, « à demeurer en la religion où
la naissance m'avoit engagé, et à me prévaloir des
avantages qu'on y trouve et que l'on perd en l'aban-
donnant. » Il donne enfin l'assurance « qu'il gardera
inviolablement le secret » des choses que le résident
lui a confiées, et que, « n'estant poussé à embrasser
la religion réformée que par l'obéissance qu'il doit à

---

[1] Cette lettre, datée de Berne, le 2 avril 1680, et dont des copies manuscrites
circulèrent à Genève, est reproduite en entier dans le journal du pasteur Sarasin, au (31 mars) 10 avril 1680.

Dieu, il n'aura garde de faire une lascheté contraire à la bonne foy et à la générosité[1]. »

L'on ne partagea point à la cour de France l'irritation et les craintes que cet incident avait inspirées à Chauvigny, dont les lamentations renaissantes commençaient à lasser le ministre et le roi. Nous avons vu qu'on voulait bien tenir compte de ce qu'il pouvait y avoir de fondé dans ses plaintes contre ce qui se passait à Genève, mais que l'on était loin, en même temps, de le regarder lui-même comme se comportant dans son emploi, d'une manière irréprochable.

La lettre royale du 29 mars avait été, pour lui, sous ce rapport, un premier avertissement dont il avait bien senti toute la portée. Il en reçut bientôt un second, qui lui fut encore plus sensible, parce qu'il put y reconnaître (ce qui était vrai) l'influence que « le député de Genève » avait exercée en haut lieu, par « sa grande justification. » C'était, en effet, à la suite d'une conférence entre ce député et le ministre du roi, que fut expédiée la lettre suivante, datée du

---

[1] Desmarets, qui se trouvait absolument sans ressources, reçut du Conseil un viatique qui lui permit de se rendre à Berlin, où il se maria. Un auteur contemporain, Louis Frémin, ancien citoyen genevois, devenu catholique et prêtre, rapporte, dans son histoire manuscrite de Genève, que les époux Desmarets revinrent plus tard s'établir en France et rentrèrent dans l'Eglise romaine.

5 avril, et qui renfermait également l'interdiction de correspondre avec le pape. Le roi écrivait :

« J'ay fait dire par Colbert de Croissy au député de Genève tous les nouveaux sujets de plainte que vous m'avés faite des insolences commises, tant dans votre maison, que dehors contre ceux qui sortoient de votre chapelle, et je luy ay fait connoistre, en mesme temps, que, si ceux de Genève vouloient mériter ma protection, ils devoient apporter un si bon ordre, que vous ne fussiés plus troublé dans une pleine jouissance de *la liberté de la religion,* telle que l'ont tous mes ministres dans les lieux qui font profession d'une religion contraire à la mienne.

« Ce député est entré *dans une grande justification,* et, comme il m'a temoigné un désir sincère, de la part de ses maistres, de faire tout ce qui pouvoit dépendre d'eux *pour me satisfaire,* vous devés aussy prendre garde de ne point outrepasser mes ordres, et *de renfermer votre zèle dans une ponctuelle exécution de ce que je vous ay prescrit,* tant à l'égard du nombre de personnes que vous pouvés admettre dans votre chapelle, que pour toutes les autres choses qui pourroient estre contraires à la seureté de la ville, et leur donner *des sujets de défiance,* qui pourroient les forcer, *malgré eux,* à s'escarter du respect qu'ils me doivent et m'engager dans quelque ressentiment.... »

On voit que le roi, tout en maintenant ses précédentes exigences envers « ceux de Genève, » prend, en quelque sorte, leur défense contre son propre résident. C'eût été pour celui-ci le comble de la mortification, s'il n'avait dû en éprouver une plus grande encore en recevant une dépêche ministérielle, dont la sécheresse presque brutale ne pouvait plus lui laisser aucun doute sur le sort qui lui était réservé. C'était en vain qu'il avait cherché, par l'activité de sa correspondance, à défendre sa position. Les lettres qu'il écrivait, dans ce moment si critique pour lui, allaient plutôt à fin contraire de ses intérêts.

Elles étaient remplies de doléances sur l'apostasie de Desmarets; de récriminations contre le Conseil qu'il accusait de « chercher des prétextes à quelques actions que je ne prévois, » dit-il, « que confusément; » de considérations sur la convenance « de bastir à Genève une maison pour le ministre du roy et de faire porter à ses gens les livrées royales; » du récit des succès de sa propagande dans le pays de Gex; d'une longue justification des reproches dont sa conduite était l'objet; se posant en victime méconnue et allant jusques à prêter créance à l'existence d'un complot meurtrier dirigé contre sa personne. Tout ce verbiage épistolaire n'eut pour effet que de lui attirer la réponse suivante, en date du 12 avril:

« Le Roy, » disait Colbert, « a reçeu vos lettres des 2 et 5 de ce mois. S. M. n'ayant rien à ajouter à ce qu'Elle vous a fait connoistre de ses intentions, par ses précédentes dépesches, Elle m'ordonne seulement de vous marquer que vous devés vous tenir exactement aux réserves qu'Elle vous a prescrites, *et éviter soigneusement de donner aucun sujet de plainte à la ville de Genève.* Le député qu'elle a icy, et auquel S. M. a fait déclarer ses sentimens, L'a fort assurée que ses maistres n'oublient rien pour se conserver l'honneur de Ses bonnes grâces, et, comme S. M. veut bien les leur conserver, vous devés régler votre conduite suivant les ordres qui vous ont esté cy-devant donnés. Je suis, etc. »

Tout ici était fait pour jeter Chauvigny dans de justes alarmes. On lui accusait réception de ses lettres, sans y répondre; il n'était plus question des torts de Messieurs de Genève; la préférence donnée au « député de cette ville » sur le résident était aussi accablante que significative. Ceci nous conduit, en remontant quelque peu en arrière dans l'ordre du temps, à parler de la mission du syndic Michel Trembley.

CHAPITRE XI

Arrivé à Paris le 17 mars 1680, douze jours après
son départ de Genève, Trembley[1] s'était mis immédiatement en rapport avec les gens dont il pouvait
attendre de bons offices et d'exactes informations.
C'étaient ceux qu'on appelait « les amis, » et parmi lesquels Trembley nomme M. de Ruvigny, député général
des Églises réformées de France; les pasteurs de Cha-
renton (c'est-à-dire de Paris); M. Frémont d'Ablancourt, qui avait été ministre de France en Portugal,
et résident pour le roi à Strasbourg; M. de la Bastide,
que ses ouvrages de controverse avaient alors rendu
célèbre; le capitaine Fabri, qui commandait une
compagnie levée à Genève pour le service du roi, et
M. Jacques Bordier, qui remplissait inofficiellement, à

---

[1] Les pièces relatives à la députation de Trembley se trouvent, sauf son
rapport au Conseil, que nous n'avons pas vu aux Archives, mais que nous
possédons d'ailleurs, dans les n°ˢ 3681 et 3682 des Portefeuilles historiques.

Paris, les fonctions de chargé d'affaires de la république, et qui fut, pour le député genevois, un très ‘utile auxiliaire [1].

Mais Trembley s'adressa principalement au lieutenant général Stoppa, qui avait déjà donné à Genève des preuves de sa bienveillance, et qui était mieux placé que personne pour pouvoir lui servir, dans cette occurrence, de guide et de conseiller. Grison et protestant de naissance, Stoppa avait fait son chemin dans les armées du roi et, à son titre de général, joignait celui de colonel d'un des régiments suisses au service de France. Il était très bien vu de Louis XIV, et il jouissait à la cour, où il avait son franc-parler, d'un grand crédit. S'il a laissé d'assez mauvais souvenirs dans l'histoire des transactions auxquelles il fut mêlé pour le recrutement, sur le sol helvétique, des troupes fournies à la France, il se montra toujours le bon ami de la république, et il reçut Trembley avec beaucoup de cordialité, en l'assurant des bonnes dispositions du roi envers Messieurs de Genève.

Puis, mettant la conversation sur le résident, il

---

[1] On lit dans une lettre du 28 juin 1680 de J. Bordier, auquel le Conseil avait adressé des remercîments pour l'assistance qu'il avait donnée à Trembley: « Ce m'est beaucoup d'honneur que V. S. ayent la bonté d'agréer que je tâche de leur rendre quelque petit service, quand les occasions s'en présentent. Je feray toujours tout ce qui sera en mon pouvoir pour témoigner à V. S. que j'ay à cœur leurs intérêts et, dans les occasions où il leur plaira m'honorer de leurs commandements, je m'en acquitterai avec zèle et respect.

s'exprima à son sujet, malgré la réserve qu'observait
l'envoyé genevois, avec une grande vivacité : « Tout
ce que vous me dites sur le respect qui luy est deü
de vostre part, comme à un représentant du Roy, est
fort bien ; mais vous pouvez nettement dire avec moy
que c'est *un fol,* et vous pourriés mesme le répéter à
Messieurs les ministres, car je le soutiendray tousjours
devant eux. L'importance qu'il donne à des bagatelles est ridicule ; mais vous ne devés pas, de vôtre
coté, *vous trémousser* et vous alarmer pour si peu. »

Ces paroles de Stoppa devaient rassurer Trembley
au sujet de l'influence que le résident possédait à la
cour, et dissiper la crainte qu'il n'eût réussi à donner,
sur le gouvernement genevois, de fâcheuses impressions. L'audience que lui accorda, deux jours après,
c'est-à-dire le 24 mars, le secrétaire d'État, Colbert
de Croissy, ne fit que fortifier en lui ce sentiment de
satisfaction. Ayant informé le ministre de la mission
dont il était chargé, et en ayant reçu l'assurance que
le roi accueillerait volontiers le compliment de Messieurs de Genève, Trembley voulait prendre congé
de Colbert, mais celui-ci le retint et le mit sur le
chapitre du résident.

« Monsieur, » lui dit-il, « j'ay ordre du Roy, qui a
sçeu que vous deviés venir, de vous dire qu'il est
très satisfait de la conduite de Messieurs de Genève

envers son résident. Il s'est bien passé certaines choses
qui auroient peü altérer la bienveillance de Sa Majesté,
mais Elle connoit vos bonnes intentions. Aussy ne
veut-Elle pas *qu'il vous soit fait aucun chagrin,* mais vous
devés prendre garde à ne pas vous en faire vous-
mêmes. Le résident a, sur ce sujet, des ordres qui
ne tendent point à vous troubler, pourveu que, de
vôtre part, vous rendiés à son caractère tout ce qui
luy est deü, et que vous preniés soin qu'il ne soit
point inquiété dans ses exercices de religion. »

Trembley répondit que, quoiqu'il ne fût venu que
pour offrir au Roi les congratulations de la république,
il était prêt à donner, sur les rapports de son gouvernement avec le résident, toutes les explications
nécessaires, une fois que « Sa Grandeur » avait abordé
ce sujet. Néanmoins il se borna à parler, en termes
généraux, des « difficultés qui avoient été aplanies; »
des « peines que se donnoit le résident; » des « intentions du roy, » qui n'étaient pas entièrement
suivies par son représentant, et qui ne pouvaient
tendre « à rien exiger de nous qui fust préjudiciable
à nôtre Estat, car il n'y en avoit point au monde,
qui eût plus d'aplication que le nôtre pour se conserver dans la bienveillance de Sa Majesté. »

Seulement, comme Trembley se plaignait de ce
que Chauvigny « sembloit affecter de vouloir remplir

sa chapelle de toutes sortes de gens, » de Croissy l'interrompit: « Monsieur, j'ay esté moi-même ambassadeur du Roy en Angleterre, et j'y avois une très grande chapelle, qui estoit ouverte à toute sorte de nations, et où je faisois prescher en anglois. » Trembley n'insista pas et se rabattit sur la résolution, où étaient Messieurs de Genève, de « donner au Roy de nouveaux sujets d'être satisfait de leur conduite. »

Il eut bientôt l'occasion d'exprimer à Sa Majesté elle-même les sentiments dont il avait été chargé de se faire l'interprète. Ce fut le 27 mars qu'il fut admis à présenter à Louis XIV les félicitations de la république. Il s'était rendu à Saint-Germain, « accompagné d'un bon nombre de Genevois, » et il avait été introduit, après d'autres envoyés étrangers, dans la chambre du roi, auquel il adressa le discours suivant:

« Sire! L'accez favorable que Messieurs les Sindics et Conseil de Genève trouvent auprès de V. M. et les fréquentes marques qu'ils reçoivent de Sa bonté Royale, leur ont fait prendre la liberté de me députer, pour Luy continuer les assurances de leurs profonds respects et de leur constante dévotion à son service, et pour porter, non pas les présents de la Reine du Midi au plus sage et au plus puissant des Roys du peuple de Dieu, mais pour ofrir à V. M., le plus grand de tous les Monarques et l'admiration de l'Univers, des cœurs remplis d'une parfaite et véritable joye. J'entends les plus sincères et les plus sensibles mouvements de celle qu'ils ressentent par l'heureux ma-

riage du prémier Prince de l'Europe, le brillant rayon
de la gloire de V. M. et le plus cher objet de Ses délices.

« Si, dans ce magnifique concert des acclamations
publiques de tous les Princes Chrestiens, Genève oze
méler sa voix, quoy que foible, elle se flate, Sire,
qu'elle ne luy sera pas moins agréable, et qu'elle
pourra pénétrer dans le cœur de V. M. puis qu'Elle
l'honore de Sa protection, qui fait tout son bonheur
et son plus prétieux avantage.

« Genève ne peut considérer qu'avec un singulier
ravissement, cette enchainure de grâces, dont la main
Céleste couronne V. M., d'avoir dompté ses ennemis
par la Justice de Ses armes, establi le repos de Ses
peuples, celuy de Ses Alliés et celuy mesme de toute
l'Europe, par une glorieuse paix. Et, maintenant, par
Sa sage prévoyance et Ses vastes lumières, qui voyent
tout le présent, et pénètrent tout l'advenir, donne,
par ce lien sacré, à ce grand Royaume son entier
affermissement, à Son Auguste Sang une éternelle
durée, et, à tous les Estats qui s'intéressent pour la
France, l'espérance en partage de voir continuer le
Règne glorieux de V. M. et de ses Descendants jusques à la fin des siècles.

« Messeigneurs, qui sont du nombre de ceux qui
y prenent le plus de part, le souhaitent avec toute
l'ardeur dont ils sont capables, et, dans ces véritables
sentimens, qui procèdent de la pureté de leur zèle,
adressent, par ma bouche, leurs vœux au Ciel, pour
la conservation de la Sacrée personne de V. M. et
de la Maison Royale, et qu'il plaise à la Bonté Divine,
couronner le sacré mariage de Monseigneur le Dauphin, de ses faveurs les plus prétieuses. Ils suplient
aussi très humblement V. M. leur faire la grâce de les
conserver dans l'honneur de la bienveillance Royale,
dont V. M. et les Rois, ses glorieux Prédécesseurs,
ont toujours favorisé leur Estat.

« Ils n'ont point, Sire, de plus grands désirs, et de plus forte passion, que de s'en rendre dignes par leur entière soumission et leurs profonds respects. »

Voici, d'après le rapport de Trembley, quelle fut la réponse de Louis XIV :

« Je reçois, avec bien de l'agrément, les civilités de Messieurs de Genève, la part qu'ils prennent à ma joye, et les marqués qu'ils me donnent de leur afection. Vous les pouvés assurer que, pendant qu'ils auront les mêmes soins à cultiver la mienne, je leur continuerai les effets de ma bienveillance. »

On ne peut qu'être frappé du contraste qui existe entre la harangue du député de Genève et la réponse du roi. La dignité simple de la seconde fait ressortir tout ce qu'il y a d'emphase et d'amphigouri dans la première. Il est étrange qu'un prince, qui s'exprimait si uniment, pût prendre plaisir à ce langage hyperbolique, auquel Trembley avait dû se conformer, pour atteindre le diapason où était alors montée l'adulation presque universelle de l'Europe, et auquel il s'était mis lui-même pour mieux concilier à la république, au nom de laquelle il portait la parole, la bienveillance du roi.

Tout boursouflé qu'il était, son discours fut, en effet, très goûté par Louis XIV, qui lui accorda des témoignages formels d'approbation, soit pendant que

Trembley débitait son compliment, soit en en faisant ensuite l'éloge à ses courtisans. « Le discours au roy » (lit-on dans des notes contemporaines, qui viennent de Trembley lui-même), « fut prononcé à haute et intelligible voix, contre la coutume de la plupart des envoyés, qui parlent, dans ces occasions, de manière à ne se point faire entendre. Sa Majesté fit connoistre qu'Elle l'escoutoit avec plaisir, marquant, en quelque manière, les endroits qui luy agréoient le plus, et regardant à droite et à gauche les seigneurs qui estoient auprès de sa personne. »

Le duc d'Enghien, qui se trouvait présent à cette audience, complimenta plus tard Trembley sur le succès de son discours. La satisfaction que le roi en avait témoignée fut bientôt assez généralement connue, pour que le *Mercure galant* en fît mention[1]. « On ne peut, » dit ce journal, « s'acquitter d'une députation avec plus d'esprit, ny mieux marquer au Roy, que M. Trembley a fait, le zèle de Messieurs de Genève pour la gloire de la France et l'attachement qu'ils ont pour le service de cette couronne. » Trembley avait tout lieu d'être content d'une réussite qui, en rendant sa personne agréable au roi, devait servir les intérêts de Genève. Les compliments qu'il

---

[1] Avril 1680, p. 201.

adressa, dans le même style, à la reine, au dauphin et à la dauphine contribuèrent au même résultat. Il résolut d'en profiter.

Les ennuis, sans cesse renaissants, que Chauvigny donnait au Conseil et la conviction que Trembley avait acquise du peu d'estime et de crédit dont ce personnage jouissait à la cour, le déterminèrent à se prévaloir de la faveur du roi pour entamer une campagne contre le résident. « J'ay appris, » écrivait-il, « d'un homme qui est au fait des affaires, que Messieurs de Colbert faisoient très peu de cas du sr de Chauvigny, et que, pour peu de fausses démarches qu'il fist, *sa disgrâce estoit inévitable.* » Cette perspective inattendue devint, pour Trembley, le but vers lequel il devait marcher, et c'était avec cette nouvelle visée qu'il se rendit, peu de jours après les audiences royales, le 3 avril, auprès de M. Colbert de Croissy.

Mais, « à peine estois-je entré dans la chambre du ministre, » raconte-t-il, « et avant que j'eusse ouvert la bouche, M. de Croissy me dit: Monsieur, j'ay ordre du Roy de vous dire qu'il est extrêmement surpris des nouvelles insultes qui ont été faites dans vôtre ville à son résident. » Il s'agissait de cette bagarre du (9) 19 mars, que Chauvigny avait qualifiée, dans sa lettre au ministre, du « plus grand

emportement auquel il eût été exposé[1]. » Cette lettre,
nous l'avons déjà dit, avait été mise sous les yeux
du roi, le lendemain même du jour de l'audience
qu'il avait accordée au syndic Trembley.

Elle eut pour conséquence naturelle et immédiate
d'altérer chez le monarque, qui se trouvait ainsi
déçu sur le compte de Messieurs de Genève, ses
bonnes dispositions pour eux. De Croissy répéta à
Trembley ce qu'il avait écrit au résident, touchant
le mécontentement de Sa Majesté envers le Conseil :
« Le roy, » lui dit-il, « est très desplaisant, puisque,
par là, il semble que vos Messieurs ne répondent pas
aux marques obligeantes qu'il leur a données de sa
bienveillance ; aussy ne sauroit-il prendre pour argent
comtant les *justifications* qu'on entreprendroit de luy
faire, et je vous prie, Monsieur, de leur faire sçavoir
ce que je vous dis, afin qu'ils mettent ordre à ce que
Sa Majesté n'ait plus les oreilles batues de ces sortes
de plaintes. »

Malgré ce sévère langage, Trembley, qui venait de
recevoir de ses commettants une relation exacte de
ce qui s'était passé, ne craignit pas « d'entreprendre
cette justification, » qui, d'avance, semblait frappée
d'inefficacité. Il le fit avec une telle abondance de

---

[1] Voyez plus haut, p. 178.

détails et une évidence si plausible, que le ministre, sans le contredire, se rabattit sur la divergence qui existait entre le rapport du résident et le sien, divergence trop profonde, « pour que je puisse me persuader, » dit-il, « que M. le résident écrive les choses autrement qu'elles ne s'estoient passées. »

Alors le député de Genève, quittant le terrain de la défense, passa sur celui de l'attaque, et montra, dans toute la conduite du résident, depuis son arrivée à Genève, « *son peu d'inclination pour le repos de la république.* » Il alla même jusqu'à dire : « Le s^r de Chauvigny *n'a d'autre dessein que de nous tendre des pièges,* pour nous engager à quelques fausses démarches, et nous faire deschoir par là de la bienveillance du roy. Il n'est nullement disposé à nous rendre les offices que nous avions sujet d'attendre de son ministère. Nous avons lieu de douter, » ajoute Trembley, « qu'on l'eût revêtu de cette charge, si Messieurs les ministres l'eussent bien connu. » M. de Croissy se contenta de répondre que « pour luy, il ne connoissoit pas le dit s^r de Chauvigny ; qu'au surplus il prendroit les ordres du roi. »

Ce fut à la suite de cette audience, et après que Sa Majesté eut donné ses ordres, que fut expédiée au résident la lettre royale du 5 avril, que nous avons donnée plus haut[1], et où il était question de « la grande justification » du député de Genève, que, malgré la menace de Colbert, on avait « prise pour argent comtant. » Trembley avait rétabli la situation momentanément compromise, et il pouvait poursuivre, avec plus de confiance, son plan de campagne.

Mais il sentait bien que, sur ce terrain mouvant et tout semé d'embûches, qu'on appelle la cour, il ne devait pas s'avancer sans avoir bien assuré sa marche, et il réclama, de nouveau, les conseils du général Stoppa, qui en connoissait bien tous les replis et les détours. Stoppa, tout en donnant à son interlocuteur des paroles de bon augure, quoique volontairement vagues et indécises, insista fortement pour que Trembley s'abstint lui-même de toute espèce de sollicitation destinée à provoquer et à obtenir le rappel de Chauvigny. « La cour ne voudroit point, » disait-il, « avouer de s'être trompée dans le choix qu'elle avoit fait du dit s[r] de Chauvigny pour résident à Genève. D'ailleurs, » ajoutait-il, « il vaut mieux se retirer, sans s'engager là-dessus dans aucune négociation qui pourroit détruire l'honneur et la bonne grâce de cette députation, *qui avoit été très bien reçue* jusques à présent. » Le général finit en offrant d'agir

---

[1] Voyez p. 205.

lui-même dans le sens du rappel de Chauvigny, et en laissant entrevoir qu'il se faisait fort d'y réussir.

Trembley, en donnant au Conseil connoissance de cette conversation, l'informait que d'autres « personnes prudentes » avaient insisté, comme Stoppa, sur l'inconvénient de toute démarche directe faite de la part du gouvernement genevois. Il faut, lui disait-on, attendre le succès de cette affaire « des mouvements propres de la cour, qui ne voudra pas soufrir plus longtemps un personnage dont la conduite la compromet; tandis que, si on agissoit contre luy à guerre ouverte, il seroit soutenu par de grands ressorts, qui prévaudroient *par l'intérêt de la religion. Monsieur l'archevêque de Paris et l'abbé de La Chaise agiroient indubitablement auprès du roy et soutiendroient Chauvigny,* QUI ENTRETIENT AVEC EUX UNE PARFAITE CORRESPONDANCE ET QUI N'AGIT QUE PAR LEURS CONSEILS. » Trembley concluait de tout cela qu'il fallait remettre la conduite de cette affaire à « une personne de crédit, » et qu'il n'avait plus lui-même qu'à prendre « son audience de congé de Sa Majesté. »

Elle lui fut accordée pour le 15 avril; mais six jours auparavant il en avait eu une de M. de Croissy, où ce ministre lui avait exprimé « l'étonnement du roy » sur la contradiction qui existait entre ses affirmations et les dires de Chauvigny, et où lui, Trembley, avait

maintenu de plus fort toutes les plaintes de Messieurs de Genève contre le résident : « Je veux perdre ma tête, Monseigneur, » avait-il dit, « si ce que
j'ay avancé n'estoit véritable. » La conséquence de
cette protestation du député de Genève fut l'envoi
à Chauvigny de la brève et sèche lettre du 12 avril,
dans laquelle Colbert de Croissy le traitait si mal[1].

Trembley avait fini par l'emporter sur le résident,
et il n'eut pas longtemps à craindre d'avoir perdu la
faveur du roi. « Le 9 avril, » écrit-il (c'était le jour
même de l'audience de Croissy), « j'ay été de Saint-Germain à Versailles, où j'ay vu les eaux, que Sa Majesté
avoit ordonné de faire jouer pour moy. » La nouveauté de ce spectacle en rendait la vue plus merveil-
leuse encore. Louis XIV, qui se trouvait aussi à
Versailles, et qui tenait beaucoup à ce qu'on admirât
cette fastueuse création, ne dédaigna pas de s'enquérir
de l'effet que le jeu des grandes eaux avait produit
sur le syndic Trembley : « Qu'a dit le député de
Genève des eaux de Versailles ? » demanda-t-il. « Sire, »
lui répondit-on, « il les a trouvées si belles qu'il en
vouloit boire. » Et le roi de reprendre : « Il devoit
me suivre à Trianon, où je luy aurois fait boire du
bon vin. » Il y avait, dans ces paroles royales, de
quoi rendre jaloux plus d'un courtisan.

[1] Voyez p. 207.

Aussi Trembley pouvait-il s'attendre à recevoir du roi un bienveillant accueil dans son audience de congé. Celle-ci eut lieu au jour fixé et l'attente du député de Genève ne fut pas trompée. Pendant qu'il présentait, en peu de mots, son compliment d'adieu, « Sa Majesté conserva, » dit-il, « un air et un visage plein de douceur et de satisfaction. » Mais ce qui dut mettre le comble à son contentement, ce fut la réponse même du roi : « J'ay pris *un grand plaisir,* » lui dit Louis XIV, « aux marques qui m'ont été données, *par vòtre bouche,* de l'affection de vos Messieurs. J'en conserverai le souvenir. Vous les pouvez bien asseurer de la mienne, que je leur feray connoistre aux occasions. Le s^r Colbert de Croissy vous parlera de *cette autre afaire.* J'espère que vos Messieurs *agréeront* ce qui se fait ailleurs. »

Trembley pouvait se féliciter (comme individu et comme négociateur) d'avoir obtenu un plein succès. Le langage du roi ne devait lui laisser là-dessus aucun doute. Il profita immédiatement de l'allusion que Sa Majesté avait faite à « *l'autre afaire,* » qui était celle du résident, pour en occuper de nouveau M. de Croissy, chez lequel il se rendit le même jour, après « avoir été régalé, » pour la seconde fois, avec ses deux collègues de députation, « au disner du roy. » Il trouva le ministre mieux disposé à accepter les explications qui mettaient le résident dans son tort, sans vouloir, toutefois, en convenir, ce qui aurait été contraire, dit Trembley, « aux maximes de la cour. » Croissy cherchait à tenir la balance égale, en continuant à reprocher « au peuple genevois de causer journellement du chagrin à M. le résident, » au gouvernement de n'avoir « fait qu'une partie de son devoir, » et à Chauvigny de suivre « un zèle indiscret, » qui avait été l'occasion des derniers désordres.

Aussi Trembley, qui se préparait à répondre aux récriminations dirigées contre Genève, ne fut-il pas peu surpris et satisfait, en entendant le ministre ajouter : « Je dois vous dire, Monsieur, que le roy aura cet agrément pour vous *d'apeller ailleurs M. le résident et de lui donner un autre employ,* quand Sa Majesté sera entièrement persuadée de la bonne intention où sont Messieurs de Genève de lui marquer leurs respects. *Elle a d'ailleurs été très satisfaite de vôtre députation, et m'en a donné le témoignage de sa propre bouche.* En attendant, M. de Chauvigny a reçu de nouveaux ordres de ne donner chez vous *aucun chagrin,* et vous devés de vôtre côté être sur vos gardes de n'en pas prendre sans sujet. »

Après ces paroles du ministre, l'envoyé genevois pouvait envisager comme certain le rappel de Chauvigny. Mais il n'en continua pas moins de s'abstenir

personnellement de toute démarche dans ce sens: il
suffisait de laisser les eaux suivre leur pente. Une
audience qu'il eut du duc d'Enghien, le fils du grand
Condé, le confirma dans la pensée que l'affaire était
en bonne voie, et qu'il dépendait des Genevois seuls
de ne pas s'aliéner, par quelque « emportement
intempestif » le bon vouloir royal. Le prince lui
parla de Genève avec affection et du résident avec
peu d'estime, tout en insistant sur la nécessité de
« le traiter favorablement, afin de le mettre tant
plus dans le tort. » Il ajouta : « *Sa Majesté vous est
attachée, et vous n'avez à vous défier que des Savoyards;*
mais ils n'ozeroient rien entreprendre contre vous,
grâce au bon garant que vous avez. »

En tenant le Conseil au courant de tout ce que
nous venons de raconter, Trembley fit surtout ressortir l'importance d'éviter tout désordre, toute agitation, tout acte inconsidéré, qui pourrait prêter le
flanc à la critique et donner ainsi à Chauvigny
une arme contre Genève. Mais il devenait de
jour en jour plus malaisé au Conseil de conserver
envers cet agent du roi une attitude de ménage-
ment et de réserve. Pendant que Trembley gagnait à la cour les bonnes grâces de Louis XIV, le
résident continuait à entretenir, par ses faits et gestes,
au sein de la population genevoise, une irritation à

laquelle les magistrats eux-mêmes avaient peine à échapper.

Le courroux, mêlé d'inquiétude, dont il était l'objet, se fit jour, dans le Conseil des Deux Cents, par de nombreuses propositions qui témoignaient, chez leurs auteurs, plus de zèle pour le bien de l'État, que de sens pratique[1]. Le petit Conseil, de son côté, prenait pour la sécurité publique certaines précautions. Il faisait défense aux étrangers de circuler dans les rues le dimanche, pendant l'heure des sermons, et chargeait des patrouilles armées d'y tenir la main ; il se montrait de plus en plus sévère pour les autorisations de séjour accordées à des catholiques, malgré l'insistance avec laquelle les maîtres de métiers demandaient à pouvoir employer « des compagnons papistes ; » il ordonnait que, le jour des grandes fêtes catholiques, on se tînt toujours prêt à fermer les portes de la ville[2]. Genève était, en quelque sorte, mise en état de siège.

Chauvigny semblait voir avec plaisir la perturbation qui résultait du mécontentement des citoyens et des embarras où le magistrat se trouvait jeté. C'était un spectacle qui justifiait ses antipathies. « La mauvaise humeur des Genevois, » écrivait-il le 9 avril, « ne continue pas seulement, mais elle augmente. On

---

[1] Registre du Conseil, (2) avril 1680.
[2] Registre du Conseil, (16) mars, (6) et (14) avril 1680.

ne veut point de messe, et encore moins de chapelle ouverte. La canaille agist; le magistrat rit sous cape; il ne veult ou n'oze chastier; l'impunité autorise l'emportement. Le zèle des ministres joue son jeu; l'extérieur est beau, le venin est caché. Les honnestes gens sont à plaindre. Ce misérable peuple a besoin de la clémence de S. M. » Et plus tard : « *L'horreur du plus sacré de nos mistères* fait icy le point fondamental de la religion de l'Estat, et elle entraîne un peuple ramassé, composé de ce qui n'est pas de plus honneste des Estats dont il est sorty, et naturellement emporté par l'impunité du crime. Le magistrat me paraît fatigué de ces emportemens. Je crois bien qu'il voudroit chastier, mais il n'oze ou il ne peut, par des raisons d'intérêt ou de politique, qui l'obligent à éluder toutes les preuves; ce qui est le malheur des républiques, où chacun prétend taster de la souveraineté, qui dépend des suffrages du peuple. »

Si l'incompatibilité d'humeur, qui existait entre les Genevois et lui, devenait insurmontable, et rendait son rôle de résident de plus en plus impossible, Chauvigny pouvait reporter, avec plus de satisfaction, ses regards sur l'œuvre où il employait son temps et ses forces au service de son Église. Si ce n'était pas dans Genève même, où il avait pu se convaincre qu'il n'y avait rien à faire, c'était à ses portes qu'il voyait ses efforts couronnés de succès : « Plus de trente conversions, » écrivait-il le 9 avril, « se sont faites, *par mes soins,* dans le pays de Gex, dont j'ay envoyé une partie des certificats à M. Pélisson. » On sait que Pellisson, né protestant et devenu zélé catholique, était chargé, dans la grande propagande qui avait pour but la conversion des réformés français, de la distribution des sommes d'argent destinées à subventionner « les nouveaux convertis [1]. »

Chauvigny servait aussi d'auxiliaire, dans cette œuvre pie, soit à « Messieurs de la propagation de la foy de Lion, » qui s'entendaient avec lui pour organiser une mission dans le pays de Gex; soit à « Monseigneur l'Evesque de Genève, » qui continuait, d'accord avec la duchesse de Savoie, à entretenir d'intimes rapports avec le résident. Chauvigny, comme on le voit dans ses lettres, était d'ailleurs en correspondance suivie avec les gens d'Église qui s'adressaient à lui pour qu'il prît soin de leurs intérêts. Aussi n'y a-t-il pas à s'étonner de le voir défrayé, dans une partie de ses dépenses, par les corporations catholiques. » D'après le registre du Conseil du (16) mars, c'étaient les jésuites d'Ornex qui lui four-

---

[1] On trouve dans un Mémoire rédigé plus tard par Chauvigny et cité plus loin, p. 250 qu'il avait " contribué à plus d'une *centaine* de conversions, pour lesquelles il avait dû prendre dans la bourse de S. M.; „ et il ajoute : « Les certificats des abjurations ont été envoyés à M. Pélisson, qui m'a remboursé. „

nissaient la paille et le foin pour ses chevaux; les
Chartreux de Pommier qui lui donnaient le blé,
et les Barnabites le vin, destinés à la consommation
de sa maison.

Que Chauvigny se fit ainsi l'homme de l'Église,
cela regardait moins encore les Genevois que son
gouvernement. Mais qu'il prétendît entreprendre sur
les droits de souveraineté de la république, c'est ce
qui ne se pouvait souffrir, et ce qui provoqua, de la
part du Conseil, une opposition plus vive qu'il n'en
avait jamais montré. Le résident entendait exercer,
dans son hôtel, une sorte de droit d'asile, qui aurait
transformé sa demeure, grâce à l'immunité diplomatique, en un refuge, où n'aurait pu pénétrer l'action
de la justice. Il avait d'abord manifesté cette préten-
tion, au sujet d'une personne qui s'était jouée du
magistrat par des plaintes imaginaires, et qui, recueillie
chez le résident, y bravait l'enquête judiciaire. Mais,
ce qui était plus grave, il avait recueilli, de même,
un criminel évadé des prisons de la ville et qui s'était
réfugié auprès de son chapelain. Toujours occupé du
soin des âmes, Chauvigny profita de l'occasion pour
« luy faire faire ses pasques; » et il disait à ce propos :
« Je crois qu'il y a longtemps qu'il n'en avoit tant
fait. » Mais, malgré les réclamations et les instances
de la Seigneurie, il se refusait à remettre le fugitif

entre les mains de la justice, pour qu'il fût réintégré
dans la prison[1].

Un tel procédé acheva d'exaspérer le petit Conseil,
qui savait d'ailleurs, par Trembley, que la position du
résident était sérieusement ébranlée, et on lui envoya,
après avoir dûment constaté les faits, des commissaires,
qui se virent, disent-ils, « obligés de luy dire que,
puisqu'il nous ostoit les moyens de justifier les innocents et de convaincre les coupables, il ne nous seroit
pas possible, quelles précautions que nous puissions
prendre, de nous mettre à couvert des pièges que
l'on nous tend tous les jours[2]. » Le Conseil n'hésita
plus à porter directement au secrétaire d'État du roi
une plainte formelle contre le résident, à propos de
ces derniers excès. Mais, avant que cette plainte fût
parvenue à St-Germain, la lutte incessante qui avait
troublé Genève, depuis que Chauvigny y était installé,
était arrivée près de son terme. Lui-même put en
prévoir le dénouement, en recevant, de son ministre,
comme réponse à une dénonciation qu'il avait faite,
la courte lettre suivante, datée du 26 avril, et dont la
dernière phrase ne devait plus lui laisser aucune illu-
sion :

« Monsieur, J'ay leü au Roy la lettre que vous

---

[1] Registre du Conseil, (16) et (24) avril 1680.
[2] Enquête du (19) avril. Portefeuilles historiques, n° 3680.

m'avés escrite du 16 de ce mois. Sa Majesté ne désire pas que vous demandiés au Conseil de Genève qu'il chasse de la dite ville ce François, nommé Clergé, que vous dites estre principal auteur des désordres ; mais je ne doute pas que, s'ils le trouvent coupable, ils n'en fassent la punition que le cas méritera. *Au surplus je vous feray sçavoir, dans peu, Ses intentions sur ce qui vous reste à faire au lieu où vous estes.* »

On ne pouvait pas dire plus clairement que Messieurs de Genève devaient demeurer maitres chez eux, et qu'il ne restait plus à Chauvigny qu'à faire ses paquets.

CHAPITRE XII

RAPPEL ET REMPLACEMENT DU RÉSIDENT

Quand la lettre que l'on vient de lire fut écrite,
Trembley était déjà depuis vingt-quatre heures posi-
tivement informé de la révocation de Chauvigny.
Celui-ci ne devait l'apprendre qu'après le public et
par le public, ce qui était pour lui une mortification
de plus, que son supérieur aurait pu lui épargner.
Trembley, voyant se multiplier les chances d'une
solution favorable, avait retardé son départ, après
l'audience de congé du roi, pour attendre l'issue de
la négociation, dont il avait remis le soin, comme
nous l'avons vu, aux « amis » que Genève possédait
à la cour de France. Il apprit, le 25 avril, que le
succès avait couronné leurs efforts.

C'était spécialement à M. Frémont d'Ablancourt,
que Genève était redevable de cet heureux résultat.
M. Frémont, au dire de Bayle, « étoit un homme de
mérite, fort zélé pour la religion protestante, » auquel

la distinction de son esprit et la bonne grâce de ses manières donnaient accès dans le meilleur monde, ce qui lui permettait de parvenir, de proche en proche, jusqu'au sommet où siégeait, dans son omnipotence, le dispensateur de la bonne et de la mauvaise fortune. Il usa de son crédit, dans cette circonstance, en faveur de ses coreligionnaires de Genève, sans que nous sachions bien quels furent les ressorts qu'il fit jouer. Trembley reçut de lui « le 25 avril, de grand matin, » un billet qui était ainsi conçu :

« L'ami, Monsieur, dont je vous avois parlé, qui devoit chercher les moyens de vous faire plaisir, me trouva hier, sur les dix ou onze heures du soir, qui me dit qu'il avoit tout fait, qu'enfin *vostre résident est révoqué, qu'on a nommé en sa place M. Du Pré.* J'ajouteray à cela, Monsieur, que M. Du Pré m'a succédé à Strasbourg ; que c'est un esprit doux et un fort honneste homme. Je l'iray chercher et luy parleray, si je puis, avant vostre despart. Vous pourriez donner cet avis, encore aujourd'huy ; car les lettres qu'on porta hier à la poste ne partiront qu'aujourd'huy sur les dix ou onze heures. Je n'en écris point à personne, afin que vos seigneurs gouvernent cette nouvelle selon leur prudence ordinaire. Bon jour, et vous souvenez de ne dire cela icy qu'à vos collègues. Je vous en diray les raisons. »

Quand la nouvelle du rappel de Chauvigny arriva à Genève, le (20) 30 avril, par une lettre de Trembley, elle fut aussitôt divulguée malgré le secret que celui-ci avait recommandé. L'allégresse fut grande dans la ville; on ne s'abordait que ces mots à la bouche: Le résident est révoqué! La joie des magistrats n'était cependant pas sans mélange, et ils n'hésitèrent point, en répondant à Trembley, de témoigner leurs regrets de ce que le départ du résident ne les débarrassât pas « de la résidence, dans l'intérêt de la religion. » Ils auraient voulu que leur député fît encore une tentative pour enlever cette épée de Damoclès suspendue sur leurs têtes. Mais Trembley leur remontra, dit-il lui-même, « que c'estoit un ouvrage trop difficile, auquel il y avoit peu d'aparence de réussir. » On dut y renoncer.

Mais si la satisfaction du Conseil n'était pas complète, tout se réunissait, au contraire, pour faire trouver à Chauvigny, dans sa disgrâce, une source d'humiliation et d'amertume. La victoire de Trembley, le silence du ministre, la défaveur du roi remplissaient son âme d'irritation et de tristesse. Ces sentiments se font jour, sous une forme assez confuse, mais non sans dignité, dans une lettre qu'il adressa à Colbert de Croissy, le 30 avril, dès que le bruit public l'eut instruit de sa révocation.

« Comme nous ne devons pas avoir de plus grande joye que la satisfaction de S. M., j'apprends, avec une très grande, la nouvelle qu'il a pleü à V. G. de me donner de celle qu'Elle a du s^r Tremblet. Le s^r de Veras [M. de Budé, seigneur de Vérace] m'a confirmé le triomphe de ces Messieurs, qui font publier *qu'il a pleü à S. M. de résoudre ma retraite.* J'en recevray l'ordre avec un très sensible desplaisir, mais avec la résignation et la très respectueuse soubmission que j'y dois, et je suis persuadé que S. M. ne m'abandonnera pas au ressentiment de Genève. Je soubmets ma vie à la justification de la droiture de ma conduitte en toutes choses.

« Je m'estimerois le plus malheureux de tous les hommes si l'on m'en avoit supposé quelqu'une qui eüst peü faire naistre, dans l'esprit de S. M., le moindre soupçon qui me peüst rendre indigne, pour un seul moment, du glorieux avantage d'avoir esté honoré de ses ordres et de ceux de V. G. S'il est ainsy, Monseigneur, je prie Dieu, de tout mon cœur, que celuy qu'il plaira au Roy d'honnorer de ce poste jouisse de cet *establissement consommé,* avec autant de tranquilité, pour le service de S. M., que je l'ay essuyé avec risques et chagrins inévitables, dans de pareilles nouveautés, pour celuy qui le commence, et qui deviennent suportables pour ceux qui suivent.

J'ay, dans cette incertitude, escript à ma famille de
s'arrester où ma lettre les trouvera.... »

Chauvigny se rendait justice. S'il n'avait pas réussi,
comme il dit ailleurs, « dans toutes ses tentatives »
pour implanter le catholicisme « dedans Genève ; » s'il
n'avait pas pu y établir « une bonne Église, » ni
« faire dire la messe dans tous les temples, » comme
il s'en était prématurément vanté ; il n'en était pas
moins le premier qui, de nouveau, avait dressé « au
cœur de cette ville » la bannière catholique. C'était,
par ses soins, que « Sa Majesté, » comme il l'avait
écrit naguère, « avoit peü introduire la messe à Genève, *ce qui estoit regardé comme un prodige par toute
l'Europe.* » Il pouvait bien trouver qu'il y avait quelque ingratitude à répondre, par le mépris, aux services qu'il avait rendus ; mais il était un sujet trop
fidèle, pour ne pas baiser la main du maître qui le
frappait.

A Genève, la position de Chauvigny, qui continuait à ne rien savoir de son rappel que par la notoriété publique, était très fausse et très délicate. Mais
il ne s'en laissait pas troubler, et payait, sinon d'au-
dace, au moins d'assurance, en maintenant, sans fléchir,
ce qu'il regardait comme les droits et les pirvilèges
de sa charge. Les « violences et les insolences, » dont
les catholiques étaient encore l'objet, malgré les efforts

des magistrats pour prévenir ces désordres, lui donnaient l'occasion de porter à sa cour de nouvelles
plaintes, qui, malgré le discrédit où il était tombé,
contribuaient à indisposer Louis XIV contre Messieurs de Genève.

Chauvigny n'entendait pas davantage rien céder
de ses prérogatives, tant qu'il avait encore le droit
de se considérer comme le représentant du roi. C'est
ainsi qu'il forçait un officier de garde à la porte de
la ville, de faire prendre les armes aux soldats de son
poste, pour lui rendre les honneurs qu'on ne lui avait
jamais refusés. C'est ainsi qu'ayant « esté prié, » dit-il,
« par l'Académie de cette ville, d'assister à la distribution de leurs prix, qui est une cérémonie dont ils
font esclat, » il refusa d'accepter cette invitation, avant
d'avoir acquis la certitude, que, malgré la présence
du prince de Saxe-Gotha, qui devait également s'y
trouver, le premier compliment serait pour le roi de
France son maître; ce qui lui fut accordé.

Mais il montra moins de convenance et de dignité
dans les misérables chicanes qu'il suscita pour le
payement, ou plutôt pour le refus de payement du
loyer de la maison qu'il avait habitée. Il fallut que le
Conseil, qui avait à cœur de tout aplanir, se chargeât,
non seulement de régler cette dette aux frais de la
Seigneurie, mais de remettre encore à Chauvigny une

somme d'argent, qu'il exigeait comme dédommage-
ment des réparations qu'il aurait faites[1].

La volée de coups de bâton qu'il administra lui-
même à un bourgeois nommé Émery, auquel il
reprochait d'avoir injurié des personnes qui avaient
assisté à la messe[2], était d'accord sans doute avec
son caractère naturel, mais répondait mal au respect
qu'il devait porter à l'emploi dont il était revêtu. Le
Conseil, voulant satisfaire Chauvigny qui se disait
offensé, mais n'osant condamner le bourgeois pour
les coups qu'il avait reçus, pria ce dernier de se rendre de lui-même en prison et d'y demeurer volontairement quelques jours[3].

Cette solution boiteuse ne diminua pas la mauvaise
humeur du résident destitué, qui avait été portée à
son comble par l'arrivée du syndic Trembley, les
sarcasmes des Genevois, et le mutisme persistant de la
cour. Chauvigny écrit à son ministre le 19 mai : « L'on
attend icy demain Monsieur Tremblet, à qui, dans
tous les cœurs, on décerne des triomphes; » puis,

[1] Registre du Conseil, (8) et (24) mai, et (12) juin 1680.
[2] Registre du Conseil, (5) juin 1680.
[3] On lit dans le journal du pasteur Sarasin du (4) juin 1680 : « Un boucher
du Grand Mézel [tout proche de la résidence] a dit, voyans venir des gens à
la messe : "Ce tran durera-t-é tojor? » Et, à des femmes qu'il y voyoit entrer :
" Diablé sei des p.... che von à la messa... „ Quoique maltraisté par le résident,
qui, prenant le baston d'un paysan, l'en a chargé de coups, il luy a dit, chapeau
bas : " Monsieur, je vous demande pardon, je ne vous ai point offencé. „

cinq jours après : « Monsieur Tremblet arriva mercredy soubs l'escorte de soixante chevaux et de plusieurs carosses. Je ne l'ay point encore veü. Ma réputation est icy traisnée en triomphe et ma personne
régalée de plusieurs malhonnestetés, qui m'affligent
bien moins que la privation de l'honneur de vos
ordres sur mes lettres, depuis le 26 du mois passé. »
Le silence de M. de Croissy était la preuve la moins
flatteuse du cas qu'il faisait de la personne et des
élucubrations épistolaires de Chauvigny, qui n'avait
cessé, malgré ce dédain, de « fatiguer, » comme il le
disait lui-même, le roi et le ministre de ses lettres.

Ce qu'il raconte du retour du syndic Trembley
était vrai; l'accueil que ce magistrat reçut de ses
concitoyens répondit à la satisfaction qu'ils éprouvaient de l'heureux succès de sa mission. Le plaisir
d'être délivrés de Chauvigny dominait, chez la grande
majorité d'entre eux, toute autre considération. Aussi
le Conseil se fit-il l'interprète fidèle du sentiment
public quand, dans sa séance du (21) mai, après avoir
ouï le rapport de Trembley, il lui exprima, par la
bouche du premier syndic, « la satisfaction qu'on
avoit eüe d'apprendre qu'il s'estoit acquitté de sa
députation à la gloire de l'Estat et à son honneur
particulier, ses belles lumières ayans esté reconnues
à la Cour avec applaudissement. »

« Noble Trembley avoit déposé, » dit le registre, « sur la table de Messieurs les sindics, la chaisne et la médaille d'or à luy données par Sa Majesté; » les édits de la république interdisant à tout citoyen d'accepter aucun présent de l'étranger, sans l'agrément de la Seigneurie. Barthélemy Lect avait agi de même, au retour de sa mission, et, comme à Lect, on fit reprendre à Trembley le cadeau royal.

Cependant, tout le monde ne se montrait pas, dans Genève, également satisfait du résultat auquel avait abouti l'affaire du résident. Quoique la disparition de sa personne dût contribuer à calmer l'agitation qui s'était emparée des esprits, le maintien du culte catholique continuait à l'entretenir, surtout dans la classe populaire, qui était moins accessible aux considérations politiques, et qui conservait beaucoup d'humeur de la fréquentation de la messe par les catholiques du voisinage, qui, disait-on, « y viennent pour nous narguer. »

Des membres même du Conseil des Deux Cents protestaient contre ce qu'ils appelaient « la tiédeur de nos seigneurs du petit Conseil, qui avoient permis au résident de faire dire messe en son hostel, sans y avoir esté constraints par un'estrémité. » Ils ajoutaient, qu'il aurait fallu agir davantage, en cette affaire, « de l'adveu de Messieurs les Suisses nos

alliez, qui s'estoient fort plaints de notre précipitation. » Ils finissaient par dire, en déplorant qu'on
n'eût pas opposé plus de résistance : « Autant ne
vaut-il pas mourir d'une fièvre chaude, que d'une
fièvre lente? » Et l'on murmurait dans les rues :
« Sommes-nous pas souverains? Qu'est-ce que le
roy a à commander icy?[1] » Mais ces derniers accents
du mécontentement public cessèrent peu à peu de se
faire entendre, et finirent par disparaître, grâce à la
conduite, mêlée de fermeté et de douceur, que suivit
le nouveau résident.

Du Pré arriva à Genève le (24 mai) 3 juin. Une députation nombreuse s'était rendue à sa rencontre à
une certaine distance de la ville, et il avait été ac-
cueilli, en y entrant, par des honneurs extraordinaires.
On le combla d'égards et de prévenances, où il entrait
autant de désir de lui plaire, que d'intention d'être
désagréable à celui qu'il venait remplacer. Il avait
assez d'esprit pour ne pas s'y méprendre, et il aurait
pu répondre à toutes les avances qui lui étaient faites,
comme dans Corneille :

Rome ne m'aime point, elle hait Nicomède.

Ce n'est pas qu'il ne fût, cependant, très digne

---

[1] Voyez l'enquête du (18) juin 1682, dans les Portefeuilles historiques,
n° 3680.

d'être reçu avec faveur et satisfaction par Messieurs
de Genève. Dès que Trembley fut de retour, il avait
confirmé, dans son rapport au Conseil, ce qu'il lui
avait déjà écrit au sujet du nouveau résident, avec
lequel, avant de quitter Paris, il s'était mis immédiatement en relation. « Son caractère, » disait-il, « m'a
paru ouvert et éloigné de la bigoterie. Il est ami de
plusieurs personnes de notre religion, qui en disent
beaucoup de bien. J'ay appris qu'il a esté choisy immédiatement par le roy pour cette résidence, et que
même Sa Majesté, en le nommant dans son Conseil,
avoit dit qu'Elle nous vouloit donner un honneste
homme, qui nous fust agréable, et dont la conduite
fust plus régulière que celle du précédent. »

Du Pré, dès le lendemain de son arrivée à Genève,
remit à Chauvigny une lettre royale, datée de Fontainebleau le 20 mai 1680, et qui était ainsi conçue :

« Monsieur de Chauvigny, Ayant ordonné au
s^r Du Pré de se rendre à Genève pour y remplir la
place que vous y occupez, je vous escris cette lettre
pour vous dire qu'après qu'elle vous aura esté rendue
par le dit s^r Du Pré, vous l'informiez de l'estat des
affaires que je vous ay commises et qui peuvent
regarder le bien de mon service, et qu'en suitte vous
preniez vostre audiance de congé, pour vous rendre
auprès de moy. Et la présente n'estant à autre fin,
je prie Dieu, etc. »

Il semble qu'après la réception de cette lettre, rien ne devait plus retenir Chauvigny dans les murs de Genève, et que, n'ayant que trop de motifs pour quitter cette ville sans regrets, il s'en éloignerait sans retard. Mais d'autres raisons lui firent remettre son départ de quelques jours. Il ne voulait pas paraître, par une trop grande précipitation, lâcher son poste, comme s'il en était chassé par son successeur. Il voulait, au contraire, par ses bons rapports avec celui-ci, montrer qu'il ne se tenait point pour blessé d'avoir à lui céder sa place. Le soin de sa dignité et de ses intérêts l'engageait, d'ailleurs, à se ménager, dans le nouveau résident, un témoin favorable, qui pût rendre au ministre un compte avantageux de la manière dont, lui, Chauvigny, avait exécuté son mandat et accepté son rappel.

Il réussit, en effet, à se mettre dans les meilleurs termes avec Du Pré, qui se montra d'abord tout disposé à voir les choses des mêmes yeux que Chauvigny. Ce fut dans la compagnie de ce dernier qu'il se rendit à Annecy, auprès de l'évêque, Jean d'Aranthon, pour demander à ce prélat, comme Chauvigny l'avait fait, la sanction épiscopale nécessaire à la célébration du culte catholique dans la « maison du roy. » « J'arrive d'Annecy, » écrivait le nouveau résident, le 14 juin, « où nous estions allez, M. de Chauvigny et moy,

voir l'Evesque de Genève. L'impatience que j'avois
de connoistre par moy-mesme un prélat d'un si grand
mérite, n'a pas été la seule raison qui m'a fait entreprendre ce petit voyage. Il y avoit aussi nécessité
que je luy présentasse l'aumosnier[1] que j'ay amené en
ce pays, affin qu'il lui donnast les pouvoirs dont on
peut avoir besoin dans la suitte, et qu'il bénist les
vaisseaux sacrez qui sont ordinairement dans une chapelle. »

La continuation de la messe étant assurée, Chauvigny pouvait partir, sans craindre que le service
religieux de la chapelle éprouvât, par son absence et
celle de son aumônier, aucune interruption. Cependant, quoiqu'il eût demandé au Conseil une audience
de congé, qui eut lieu le (30 mai) 9 juin, il ajourna
encore son départ. Si son rôle de résident était terminé,
son œuvre de missionnaire ne l'était pas, et il voulait,
avant de s'éloigner, mettre la dernière main à des
conversions qu'il avait entreprises autour de Genève.
« Quelques conversions commencées, que M. Chauvigny veut achever, avant son départ, le retiendront
encore icy la semaine prochaine, » écrit Du Pré, le
11 juin.

---

[1] On lit dans le journal du pasteur Sarasin : « Un docteur de Sorbonne
s'estant venu offrir à M. Du Pré pour estre son aumosnier, il le remercia et
luy dit qu'il n'alloit pas à Genève pour estudier. »

Jusques au bout le prosélytisme religieux et le dévouement à l'Église furent les mobiles qui, dans le cœur de Chauvigny, l'emportèrent sur tous les autres. Il en donna une dernière preuve, en rendant au pape et aux jésuites, devant les hérétiques de Genève, un hommage public d'attachement et d'admiration, qui montre assez combien l'enthousiasme du dévot devait éclipser chez lui les qualités de l'agent politique. Comme pour mieux caractériser encore l'esprit dont il s'inspirait, c'était avec un membre du clergé catholique, le curé du Grand-Saconnex, qu'il s'était présenté devant le Conseil, pour lui faire ses adieux.

Ayant pris séance, il prononça une harangue, composée à loisir, dans laquelle, tout en déclarant, dit le registre, « qu'il embrassera toujours les occasions de tesmoigner à cet Estat ses ressentiments des honnestetés qu'il en avoit reçeües, » il se livrait à de très vives récriminations contre la population genevoise, qui avait contrecarré les bonnes intentions de ses magistrats ; à des allusions très blessantes contre le syndic Trembley, et à des plaintes non moins fortes contre « la liberté injurieuse que se donnent, » dit-il, « dans leurs presches, quelques uns de vos ministres[1]. »

---

[1] Des copies manuscrites du discours d'adieu de Chauvigny circulèrent alors dans Genève, et nous devons à l'obligeante complaisance de M. le prof. Galiffe la communication de l'une de ces copies.

Il entra alors dans l'exposition des règles de conduite qui doivent présider à la controverse religieuse,
et, revêtant une impartialité qu'il ne possédait guère,
il déclara qu'il « ne prétendoit point examiner quelle
est l'hérétique, de Rome ou de Genève; » mais qu'il
estimait qu'en attaquant, de part et d'autre, ce que
l'on tient pour des erreurs, on ne doit pas insulter
les personnes. C'est ce que « l'on fit scandaleuse-
ment, » ajoutait-il, « dimanche dernier, sur une personne sacrée [c'est du pape qu'il veut parler] pour la
charger d'injures qui salissent jusques à l'imagi-
nation; sans considérer qu'elle est constituée dans
une dignité sur-éminente de toutes les puissances du
monde; qui, par sa seule qualité de souverain d'un
grand Estat, doibt imprimer du respect, et dont le
Roy, mon maistre et vostre protecteur, fait gloire de
se faire nommer le fils aisné de la famille qu'il gou-
verne. »

Chauvigny devait éprouver une certaine jouissance
à glorifier ainsi, derrière les murailles sur lesquelles
on lisait l'inscription qui célébrait « la destruction de
la tyrannie de l'antechrist romain, » le souverain chef
de son Église. Il ne mit, ni moins d'ardeur, ni moins
de joie, à prendre aussi en main la défense des jésuites. L'équité nous fait un devoir de reproduire cette
apologie, à laquelle on ne peut refuser le mérite de

la sincérité et de la conviction. Il était naturel qu'il
crut devoir, en quittant son emploi, arborer franche-
ment les couleurs de la fameuse société, sous le pa-
tronage de laquelle il y était entré.

« Peut-on souffrir sans indignation, » s'écriait-il
dans la salle du Conseil, « qu'on charge le corps
entier d'une Compagnie célèbre et religieuse (qu'on
ne se fait point de scrupule de nommer, pour la rendre
plus noire que la robe qu'elle porte) de tout ce qui
doibt donner de l'horreur, à l'atéisme mesme, en
annonçant, comme de fait positif et par une énu-
mération cruellement estudiée, qu'elle permet et
conseille tout ce qui doibt estre en exécration et ce
que l'on peut imaginer de plus impie, pour flatter
la mauvaise disposition d'un peuple qui prend ces
impostures pour des vérités sans contradiction.
Et cela, en la présence d'un ministre d'un grand Roy
vostre protecteur, le plus juste, le plus sage, le plus
modéré et le plus pieux monarque du monde, qui
reçoit les membres de ceste mesme Compagnie pour
les religieux dépositaires des secrets de sa conscience,
pour luy débiter les vérités de l'Évangile, pour semer
dans sa Cour la morale chrestienne et pour respan-
dre, comme une source féconde, dans l'esprit et
dans le cœur de ses subjects, par la force de leurs
prédications, par la netteté de leurs livres, et par
l'éducation qu'ils donnent avec tant de soings et de
succès à la jeunesse, la piété et la doctrine. En sorte
que l'on doibt considérer aujourd'huy son royaume
comme le réduit des sciences les plus relevées, et le
séjour de la plus véritable et de la plus solide piété.
Cependant, Messieurs, c'est ceste mesme Compagnie, que l'on fait hardiment, sans distinction de personne, l'appuy et conseil de tous les crimes ! Et qui

doibt s'estonner, après cela, si vos peuples, soubs la
bonne foy de ce qui leur est presché dans vos temples,
les traitent indignement dans vostre ville, lorsqu'ils
y viennent pour débiter la parole de Dieu dans la
maison du Roy, et les regardent comme des gens
capables de jetter le déshonneur dans leurs familles,
de leur faire enlever ce qui les soubstient et d'atten-
ter à leurs personnes? En vérité, Messieurs, ces manières malhonnestes et vilainement satyriques pro-
phanent les chaires, et je leus avec plaisir sur la pluspart de vos visages, lors de cette action, la juste
indignation que vous en conçeutes, que plusieurs de
vos honnestes gens ne m'ont pas fait difficulté de
me confirmer. »

L'ancien résident termina son discours par sa
propre justification, en affirmant que, du reste, il avait
pardonné et oublié tous ses griefs. Le sermon, auquel
il avait voulu répondre, en encensant le pape et les
jésuites, avait été prononcé, en sa présence, dans le
temple de St-Pierre, par le pasteur Dufour, qui s'était
proposé de flétrir les auteurs de ce qu'on appelait
alors « la nouvelle morale, » celle qu'avait stigma-
tisée Pascal. Le Conseil crut devoir en faire à Chauvigny des excuses, que le prédicateur, qui s'était déjà
montré très jaloux de la liberté de son ministère,
avait le droit de trouver déplacées[1]. Mais on pouvait
lui répondre que, « veü les circonstances du tems, »
il avait outrepassé les limites dont les convenances

---

[1] Registre du Conseil des (24) et (28) janvier 1679, et du (9) juin 1680.

et la prudence imposaient la nécessité, et que, d'ailleurs, le départ du résident valait bien qu'on lui accordât cette légère satisfaction, qui ne tirerait pas à conséquence.

Ce départ tant différé s'effectua finalement le 15 juin, après que Chauvigny eut assisté, ce même jour, à l'audience de réception accordée à son successeur par le petit Conseil. Dans l'après-midi, deux membres de ce corps, désignés pour l'accompagner, et quelques particuliers de ses amis, montèrent à cheval avec lui et l'escortèrent jusques à quelque distance de la ville. La conversation, qui s'échangea entre les commissaires du Conseil et Chauvigny, ne fut agréable pour personne. « L'entretien qu'ils ont eu avec luy dans le chemin, » dit le registre, « n'a abouti, de sa part, qu'à des plaintes et à des *menaces*[1]. »

Mais, si le premier résident de France à Genève emportait avec lui, contre cette ville, un levain d'amertume, dont il donna plus tard d'inoffensives preuves[2], il pouvait s'en consoler par le sentiment qu'il avait,

[1] Registre du Conseil du (16) juin 1680.

[2] Nous voulons parler d'un Mémoire qui se trouve à la Bibliothèque nationale de Paris, où M. le D^r Ed. Favre a bien voulu en prendre copie pour nous, et qui est intitulé : « Advis au roy touchant la conversion du Pays de Gex, et les usurpations faites sur les droits de Sa Majesté par les Genevois dans ladite province, avec les preuves de ce qui est advancé, par le s^r de Chauvigny, cidevant résident pour Sa Majesté à Genève „ (Manuscrits français, ancien fond, n° 2301). C'est une variante, très amplifiée dans la forme, mais presque identique pour le fond, du Mémoire reproduit plus haut, p. 65-71.

en revanche, mérité l'approbation de la sainte Église.
Il existe une lettre, qui, pour n'être que d'un simple
religieux, n'en exprime pas moins, sur le compte de
Chauvigny, la pensée du monde catholique. Un chartreux de l'abbaye de Pommier écrivait le 23 juin 1680,
à propos du résident, qui depuis huit jours avait
quitté Genève : « M. de Chauvigny, résident du Roy,
a estably la messe dans Genève, en bon ministre de
Sa Majesté et en bon catholique ; ayant eu le zèle et
l'intrépidité qu'il estoit nécessaire pour un tel establissement, et pour vaincre les difficultés qui se sont
présentées pour empescher une si bonne œuvre, que
nous n'espérons estre que *le commencement d'une meilleure,* et dont l'appréhension luy ont attiré la hayne et
la calomnie des Genevois[1]. »

Ce n'était pas le remplaçant de Chauvigny qui
devait travailler à l'accomplissement des « menaces »
de son prédécesseur, ni à la réalisation du souhait
du frère Baudran. Malgré la bonne harmonie où il
avait vécu avec Du Pré, Chauvigny n'avait pas réussi
à en faire un nouveau champion de l'Église militante
dans Genève. Il n'avait obtenu de lui (et l'on va voir
avec quel succès) que le consentement de poursuivre

---

[1] Cette lettre, signée : « fr. Baudran, chartreux indigne, » est adressée au
prieur de la Chartreuse de Paris. Elle nous a été très obligeamment commu-
niquée par M. C. Duval, de St-Julien (Haute-Savoie).

l'œuvre missionnaire entreprise dans le voisinage de
cette ville.

« Je pense, Mgr, » écrivait Du Pré à son ministre,
le 21 juin, « que l'intention de S. M. est que l'on
s'applique toujours à faire des conversions. Les se-
cours d'argent qu'Elle vouloit bien donner mettoient
ceux qui s'en meslent en estat de *mieux y réussir*, et
je ne fais point de difficulté de leur promettre que je
feray les mesmes advances que M. de Chauvigny
faisoit, pour la continuation de ce grand ouvrage,
qui est vrayment digne du zèle que le roy témoigne
pour la relligion et qui attire mille bénédictions
sur son royaume. Les curés du pays de Gex m'ont
tous assuré que, s'il plaisoit à Sa Majesté de faire
donner une ordonnance, par laquelle il seroit enjoint
à tous ceux qui ne voudroient pas embrasser la vraye
religion, de se retirer ailleurs, il y en auroit très peu
qui prissent ce dernier party. »

Cette lettre attira à Du Pré la réponse suivante de
Colbert de Croissy, en date du 28 juin : « Vous avés
assez reconnu, par vos instructions, que *vos fonctions
doivent estre purement politiques*. Ainsy vous devés laisser
le *soin des conversions* aux ecclésiastiques, séculiers et
réguliers, qui sont *aux environs de Genève*, auxquels
S. M. donnera, quand Elle le jugera à propos, les
assistances que Sa charité luy inspirera, sans qu'il

soit nécessaire que vous vous en mesliés. La proposition que vous font les curés de Gex marque un zèle indiscret, qui ne convient pas au bien de Son Estat. »

Il est difficile de s'exprimer plus catégoriquement que ne le fait le secrétaire d'État de Louis XIV, pour ramener au caractère purement politique, que lui avait ôté Chauvigny, le rôle du résident de France à Genève. Mais cela ne changeait rien aux intentions de Sa Majesté quant à l'exercice du culte catholique chez son représentant, et Colbert s'en était expliqué non moins nettement avec Du Pré. « L'intention de S. M., » lui disait-il le 21 juin, « est que vous mainteniés dans votre chapelle l'exercice de la religion catholique, tel qu'il vous est prescrit par votre instruction, c'est-à-dire, sans messe haute, et sans donner indistinctement la liberté à toutes sortes de prestres de la dire. En sorte que, sans vous attacher au faste et à l'esclat, vous vous contentiés de ce que S. M. vous a fait connoistre de ses intentions, et vous devés faire entendre aux magistrats que, si Sa Majesté apprend que vous y soiés troublé, en quelque manière que ce puisse estre, Elle ne le pourra imputer doresenavant qu'à leur connivence et qu'Elle prendra sur cela les résolutions que pourroit mériter leur peu de déférence à ce qu'Elle leur a tant de fois témoigné. »

Sur ce point il n'y avait pas eu de désaccord entre le
ministre et le résident. Du Pré avait compris les choses,
quant à la messe et quant au gouvernement genevois,
de la même manière que son chef. Il avait tenu aux
magistrats, dans son audience de réception, un discours conçu, dit le registre, « en termes diserts et
éloquents, » mais où il insistait, « fortement et posi-
tivement, » sur les obligations de Messieurs de Genève envers le roi, et où il se montrait très exigeant
sur la répression de tout désordre qui serait de nature
à compromettre le libre et paisible exercice du culte
romain dans la chapelle de la résidence.

Du Pré se conformait exactement, dans cette affaire,
à la volonté de son maitre. Louis XIV, par cela même
qu'il avait consenti à sacrifier la personne, tenait
d'autant plus à maintenir le principe. La messe devait
survivre à Chauvigny. Heureusement que le nouveau
résident, tout en se montrant très ferme, s'inspira,
envers les Genevois, du sentiment qu'il exprime lui-
même dans la première lettre qu'il écrivit à de Croissy :
« Je tascheray de faire dire la messe d'une manière
qui n'effarouche pas ces gens-cy, qui me paroissent
d'une très grande délicatesse sur ce chapitre. J'agiray
doucement » disait-il quelques jours plus tard, « sans
aucun esclat, avec le plus de circonspection que je
pourray, persuadé que je suis, qu'il ne s'agit que *de*

faire dire la messe dans 'Genève, sans chercher à en cha-
griner les bourgeois. »

C'était prendre tout justement le contre-pied de ce qu'avait fait Chauvigny, et l'esprit de modération et de conciliation de Du Pré devait amener, peu à peu, l'apaisement de l'agitation et de l'inquiétude qui avaient si profondément remué Genève pendant la période de crise qu'elle venait de traverser.

Du reste, les alarmes que les Genevois avaient conçues ne se renouvelèrent point. La chapelle des résidents ne devint ni un foyer de conspiration, ni un centre de propagande. Les prévisions humaines sont courtes et trompeuses. Ce ne fut pas l'Église romaine qui mit en péril « la liberté temporelle et spirituelle » de la république. Quand Genève perdit son indépendance, la messe avait, depuis quelques années, disparu de ses murs. Comme il avait fallu Louis XIV pour l'y introduire, il fallut Bonaparte pour l'y ramener.

ERRATA

Page 49, ligne 3 au lieu de *19*, lisez : *18*.
  » 73   » 5   »   *l'avant-veille,* lisez : *la veille.*
  » 84, note, au lieu de *3*, lisez : *30.*
  » 95, ligne 6, supprimez le guillemet.
  » 175   » 12, après *sollicité,* ajoutez : *pour le captif.*
  » 193   » 12, au lieu de *du mois passé,* lisez : *de ce mois ;*
            l'erreur vient du rédacteur même de la lettre.

TABLE

H. GEORG, LIBRAIRE-ÉDITEUR, A GENÈVE

MÊME MAISON A BALE ET A LYON

LES ARCHIVES DE GENÈVE. Inventaire des documents contenus dans les portefeuilles historiques et les registres des Conseils, avec le texte inédit de diverses pièces, de 1528 à 1541, publié par F. TURRETTINI, avec le concours de A.-C. GRIVEL, archiviste du canton de Genève. 1 beau volume in-8º de 363 pages, imprimé sur papier vergé, 1878. 8 fr.

DUBOIS-MELLY, Ch. Mémoires d'un fugitif, 1686. Suivi de : Journal de Genève pour la présente année 1690. Un vol. in-12 carré, titre rouge et noir. Genève, 1877 (Encore quelques exemplaires). 5 fr.

— Pierre Fatio et les troubles populaires en l'année 1707. — Précédé de : Genève en 1706. — Nos annales au commencement du siècle XVIIIme. 1 vol. in-12. Genève, 1870. 3 fr.

— Le récit de Nicolas Muss, serviteur de M. l'Amiral. Épisode de la Saint-Barthélemy, avec notes historiques et gloses. 1 vol. in-12. Genève, 1878. 4 fr.

— La Seigneurie de Genève et ses relations extérieures, 1720-1749. 1 vol. in-12. Genève, 1880. 4 fr.

PICTET DE SERGY (A.-P.-J.). Genève ressuscitée le 31 décembre 1813. Récits d'un vieux Genevois. In-12. 1869. 3 fr.

GOLTZ (Baron de). Genève religieuse au dix-neuvième siècle, ou tableau des faits qui, depuis 1815, ont accompagné dans cette ville le développement de *l'individualisme ecclésiastique du réveil*, mis en regard de l'ancien système théocratique de l'église de Calvin. Traduit de l'allemand par C. Malan. In-8º, 592 pages. 1862. 7 fr. 50

BORDIER, Henri. La Saint-Barthélemy et la critique moderne. In-4º, avec 9 planches et figures. 1879. 10 fr.

FAZY, Henri. La Saint-Barthélemy et Genève. Étude historique. In-4º. 1879. 5 fr.